JN409891

꿈 찾아가는 길

이 도서의 국립중앙도서관 출판예정도서목록(CIP)은 서지정보유통지원시스템 홈페이지(http://seoji.nl.go.kr)와 국가자료종합목록 구축시스템(http://kolis-net.nl.go.kr)에서 이용하실 수 있습니다.
(CIP제어번호 : 2020002158)

최성규 수필집

꿈 찾아가는 길

인쇄| 2020년 2월 3일
발행| 2020년 2월 5일

글쓴이| 최성규
펴낸이| 장호병
펴낸곳| 북랜드
서울 강남구 강남대로 320 황화빌딩 1108호
대표전화 (02) 732-4574 | (053) 252-9114
팩시밀리 (02) 734-4574 | (053) 252-9334

등록일| 1999년 11월 11일
등록번호| 제13-615호
홈페이지| www.bookland.co.kr
이-메일| bookland@hanmail.net

책임편집| 김인옥
교　　열| 배성숙 전은경

ISBN 89-7787-918-8 03810
값 15,000 원

최성규 수필집

꿈 찾아가는 길

북랜드

■ 프롤로그

이 글을 쓸 수 있어 행복합니다.

2000년 언저리에 국가적인 경제 위기가 있었습니다.
금융계통의 직장인들이 제일 먼저 구조조정의 직격탄을 맞았습니다.
저자도 비껴갈 수 없었습니다.

경력단절의 시간은 뜻하지 않게 길었습니다.
몸과 마음과 경제적 고통은 더해갔습니다.
가슴에 꿈을 잃어버렸습니다.

인생의 가장 어려운 시기에 백두대간에 홀로 들었습니다.
산은 모든 것을 받아주고 보듬어 주었습니다.
식어가던 가슴에 희망이 꿈틀거렸습니다.

산악 사이트에 한 구간 한 구간 산행기를 썼습니다.
자연을 쓰면서 피폐해진 마음을 치유해나갔습니다.

새로운 사업을 하면서 자전거로 출퇴근을 했습니다.
온몸으로 자연을 만나는 순간이었습니다.
길섶의 이름 모를 풀꽃과 소통하고 친구가 되었습니다.
가슴 밑바닥에 잠재되었던 감성이 되살아났습니다.

2019년에는 우리나라 자전거길 종주 그랜드슬램을 달성했습니다.
아름다운 길과 낯선 도시를 달리며 가슴에 꿈을 가득 채웠습니다.

꿈은 글이 되었습니다.

수록된 모든 사진은 그때그때 직접 찍었습니다.
고난의 시기에 쓴 글은 고독이 진하게 묻어납니다.
최근에 쓴 글은 꿈과 희망의 메시지가 담겼습니다.

벼랑 끝에 매달렸다가도 기어코 올라와서 만나는 세상은 새로운 세상입니다. 새로운 세상은 고난을 극복한 사람에게만 보이는 하나님의 축복입니다. 이 책이 꿈을 잃고 방황하는 사람들에게 힘이 되었으면 좋겠습니다.

어설픈 표현과 문장이 있더라도 넓은 마음으로 이해해주십시오.
세련되지 않은 투박함 속에 오히려 진정성이 있음을 고백합니다.

책이 나오기까지는 저의 블로그에 올린 손때 묻은 글들이 기초가 되었습니다. 블로그를 명품으로 키워주신 7,000여 명의 자발적 이웃들에게 감사드립니다. 블로그를 아껴주시고 저의 글을 사랑해주시는 독자들에게 감사드립니다.

대구교대 수필과지성 아카데미 지도교수님과 회원님들께 감사드립니다.

고난과 성공을 공유하며 곁을 지켜 준 우리 가족을 사랑합니다.

2020년 2월

범어동에서 최성규

■ 축하의 말씀

결정 장애 시대, 나를 세우는 수필 쓰기

장 호 병
(사)한국수필가협회 이사장

최성규 사백의 수필집 『꿈 찾아가는 길』 상재를 마음 모아 축하드립니다.

글쓰기 환경이 좋아졌다고는 하나 글을 쓴다는 것은 예나 지금이나 어렵고 어려운 일 중의 하나입니다. 오죽하였으면 '피를 찍어 쓴다'고 하였을까요.

클릭의 시대입니다.

점심 식사로 무엇을 시킬지 스마트폰 혹은 메뉴판을 들여다봅니다. 어느 게 최선의 선택이 될까. 쉽게 결정을 내리지 못합니다. 이런 사람들을 위해 '아무거나'란 메뉴가 인기를 끕니다. 가장 많이 선택된 메뉴를 인공지능이 알아서 선택해줍니다.

수많은 정보의 홍수 속에서 삽니다.

합리적인 선택을 하려다 오히려 내가 배제되기도 합니다. 오늘날 전문 분야일수록 컴퓨터의 도움을 많이 받습니다. 의사 결정에서 '나'는 철저히 배제되고 클릭으로 뜻하는 바에 이르는 경우가 허다

합니다.

자조의 문학 수필에서는 '나'가 주인공입니다.

말하고자 하는 명제를 호소력 있게 공유하기 위해서 파토스(pathos)를 생성해야 합니다. '나'의 발견이 독자에게, 공감을 불러일으키고 주체적 행동결정으로까지 이어지게 한다는 점에서 수필은 여느 장르의 작품보다 작가와 독자가 함께 호흡을 맞추기에 좋습니다.

최 작가는 자동차를 처분하였습니다.

오로지 자전거로 적잖은 거리를 출퇴근하고, 또 백두대간을 종주했습니다. 자전거 길로는 대부분 한적한 소로를 택하게 되고, 으레 길가에는 이름 모를 꽃들이 손짓할 것입니다. 작가는 이들 풀과 꽃의 말을 그대로 받아 적기도 하고, 때론 서로 나눈 다정한 이야기를 수필에 담아냅니다.

촌철살인의 뼈있는 제언들입니다.

수필을 자의적으로 해석한 '붓 가는 대로'에 생각이 머문 사람들이 많습니다. 수필이 문학인 이상 치밀하게 구성하지 않을 수 없습니다. 수필이란 포장지는 작심하고 쓴 글이 아니라는 겸손한 뜻으로 보이지만 거기에는 동시대를 살아가는 사람들의 희로애락과 고뇌가 녹아 있습니다. 행간을 읽는 분들에게는 자신을 성찰할 수 있는 좋은 기회가 되리라 믿습니다.

최 사백은 후문학파의 일원입니다.

한때 문학청년 아니었던 사람이 없습니다. 젊은 시절 작품 활동을 할 겨를 없이 바삐 살았지만, 나이가 들면서 삶의 의미에 천착하여 문학에 열정을 쏟는 분들이 많습니다. 그 결과 젊은 시절부터 문학에 매진해 온 분들과 어깨를 나란히 할 정도의 작가들이 많이 출현하였습니다. 그 분들을 후문학파라 일컫습니다. 문학은 현실에 발을 딛고 이상을 추구합니다. 삶이 곧 문학의 큰 자산이 되었기에 가능한 일입니다.

저의 문학도반 최성규 사백은 경북대학교 정치외교학과 출신으로 오랫동안 기업에서 헌신해왔습니다. 지금은 자영업자로 변신하여 해당 분야에서는 이미 베스트셀러를 출간한 이력의 소유자이기도 합니다. 또 앞에서의 언급들은 최 작가에게 딱히 맞는 표현이라 하겠습니다.

이 책에서 그의 삶의 내공을 만나고, 또한 아름다운 보석도 많이 건지기 바랍니다. 이 책이 널리 읽히고 그 잔잔한 파문이 우리 사회를 아름답게 수놓는 선순환이 일어나기를 기대합니다. 수필집 상재를 거듭 축하드립니다.

『꿈 찾아가는 길』 만세!

차례

1 꿈 찾아가는 길

2 민들레

3 산에서 찾은 희망

4 앉은뱅이의 꿈

5 봄마중

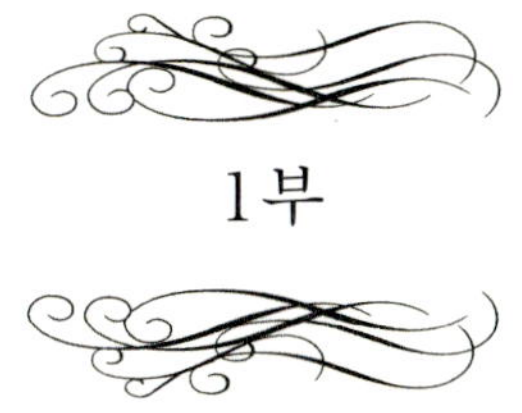

1부

꿈 찾아가는 길

나는 왕이로소이다

나의 왕국이 있다.

나는 매일 아침 왕관을 쓰고 나의 왕국을 순시한다. 비가 오는 날을 제외하고 하루도 거르지 않는다. 내가 지나가는 영토에는 나의 백성들이 늘어서 있다. 그들은 날마다 다른 표정과 몸짓으로 나를 환영한다. 나는 진심으로 그들을 아끼고 사랑한다. 그들도 나를 존경하고 따른다.

내가 왕관을 쓴 지 12년이 지났다. 10년이면 강산이 변한다지만 나의 왕국은 어느 하나도 바뀐 게 없다. 똑 같은 강 똑같은 논두렁 똑같은 고갯길. 빠르게 변해가는 세상 한쪽에 내 왕국은 순수함을 그대로 간직하고 있다. 어느 누가 반란을 일으킨 적도 없다. 불만을 표출한 적도 없다. 모든 백성은 평화롭고 따뜻하다.

나는 왕관을 내려놓을 생각이 추호도 없고, 백성들 또한 내가 물

러서길 원하지 않는다. 내가 내려오든 더 재임하든 그것은 오로지 내 의지에 달렸다. 건강이 허락하는 한 왕좌에 앉아 있을 수 있는 절대적인 특권이 있다. 나는 종신토록 재임할 수 있기를 원한다. 나의 백성들도 적극 지지한다. 그동안 백성들을 하늘처럼 받들고 진심으로 사랑해 왔기 때문이다.

오늘도 왕관을 쓰고 전용 가마에 올라타고 순시 길에 나섰다.

요즘 가장 많이 눈에 띄는 나의 백성이 있다. 화사하게 화장을 한 민들레다. 노란색으로만 화장했다. 그래도 예쁘기만 하다. 왕이 지나가면 활짝 웃으며 반긴다. 미소도 밝고 아름답다. 생활력이 강하여 척박한 땅에서도 잘 견딘다. 순시 길 내내 몸을 사리지 않고 왕을 호위한다. 왕과 민들레는 제일 자주 대화하고 소통한다. 민들레를 통하여 백성들의 애로 사항을 듣는다.

제비꽃은 보라색으로 화장을 하고 논둑 군데군데 살포시 앉았다. 왕이 지나가면 살짝 부끄러워한다. 가마에서 잠시 내려 쓰다듬어 준다. 민들레보다 약하지만 나름대로 생활력이 있다. 오래 살지는 못한다. 왕은 그것이 늘 안쓰럽다. 봄이 지나고 제비꽃이 있던 자리에는 또 다른 백성이 대신 들어앉는다.

고갯길에는 복사꽃이 얼굴을 활짝 펴고 반긴다. 오늘 만나는 백성 중 제일 크고 수가 많다. 여기는 왕이 가마에서 내려 잠시 급한 일을 해결하는 곳이다. 하루 중 왕이 제일 마음 편하게 쉬어가는 곳이기도 하다. 꽃이 떨어지면 앙증맞은 열매를 맺는다. 여름이면 왕에게 달콤한 복숭아를 맛보게 해 준다.

길섶에 삼삼오오 모여 바람에 살랑거리는 백성은 씀바귀다. 왕이 민들레를 총애하여 살짝 토라졌지만, 속마음은 여전히 왕을 존경한다. 우리의 왕은 만백성을 고루고루 사랑한다는 걸 12년간이나 겪어 봐서 잘 알기 때문이다. 가냘프고 약한 씀바귀에 제대로 앉지도 못하고 이리저리 옮겨 다니는 꿀벌도 왕의 소중한 백성이다.

계절이 바뀌면 백성들도 따라 바뀐다. 왕은 계절마다 바뀌는 백성들 어느 하나 소홀히 대하지 않는다. 매일 순시 때마다 일일이 살피고 보듬고 어루만져준다. 순시가 끝나고 집무실에 도착하면 1시간 20분이 걸린다.

나는 '자출족'이다.

자전거를 타고 출근하는 사람을 말한다. 12년 동안 비 오는 날을 제외하고 어김없이 자전거를 교통수단으로 삼았다. 엔진은 나의 다리이므로 기름 넣을 필요도 없다. 타면 탈수록 엔진을 튼튼하게 해준다. 덕분에 따로 운동할 필요도 없다. 남들은 주말에 운동하러 가는데 나는 주말에는 쉰다. 자전거 출퇴근은 내 생활패턴을 밑바닥부터 완전히 뒤바꿔 놨다. 자연스럽게 건강을 가져다주었다. 꽃을 알게 해 주었고, 매일 사진을 찍어 글을 쓰게 해 주었다. 글은 또 밥이 되었다. 자전거는 포기할 수 없는 나의 생존 경쟁력이다.

자전거로 얻은 행복은 내 인생의 1순위가 되었다.

자전거로 세운 나의 왕국은 영원하리라! (2019. 4. 12)

사람의 조건

"저기 차車 간다." 누구나 이렇게 말한다. 분명히 사람이 승용차를 운전하고 가는데도 "사람이 간다."라고 하지 않는다. 차가 달리고 있을 때는 어디까지나 차가 주인공이다. 사람은 차의 부속품의 하나일 뿐이다. 그것도 차가 움직일 때만 필요한 부속품이다. 부속품 주제에 주인인 양 착각하고 외제차 탄다고 거들먹거린다.

운전할 때는 사람이 아니므로 사람으로서의 품위가 없어진다. 누군가 끼어들기를 하면 욕부터 먼저 나온다. 거기다가 추돌이라도 당하면 자기도 모르게 네발짐승이 된다. 차의 바퀴가 네 개이기 때문이다. 자기는 점잖은 사람인데 순간적으로 짐승이 되었다고 황당해할 필요는 없다. 사람이 아니기 때문에 지극히 자연스러운 행동일 뿐이다.

문명이 발달하면서 빠르게 이동하는 수단인 차가 생겼다. 너도 나도 자가용족이 되었다. 그러면서 사람에게만 준 하늘의 선물을 내던져 버렸다. 지하철 한 정거장 정도의 가까운 거리조차 걷지 않는다. 승용차의 부속품이 되는 데 익숙해졌다. 그뿐이 아니다. 너도 나도 조금이라도 비싼 차의 부속품이 되기를 원한다.

차를 몰고 나오면 얼마 지나지 않아 신호에 막힌다. 그건 신호등에 구속된다는 의미다. 각종 단속카메라에 구속된다. 차가 밀리면 구속의 강도가 높아지면서 짜증이 난다. 스스로 구속당하면서 살지 말자. 대중교통을 이용하자. 그러면 자연스레 걷는 시간이 많아진다. 걸으면서 자유를 느끼자. 인간은 본능적으로 자유를 추구하는 동물이다.

차를 버리자. 그리고 걷자. 걸으면 주변이 보인다. 차보다는 사람이 보인다. 차의 부속품이 아닌, 사람이 되었기 때문이다. 차창을 통하여 차의 눈으로 보지 않고, 오롯이 사람의 눈으로 보게 된다. 운전하면서 놓쳤던 모든 것들이 보인다. 빠르게 스쳐 가던 풍경이 느리게 다가온다. 모두가 나에게 다가와 안긴다. 느림의 선물이다.

걸으면 비로소 사람이 된다. 누구라도 "저기 사람이 간다."라고 말한다. 이 세상에서 오로지 사람만이 두 발로 걷는 기술이 있다. 짐승들은 네 발로 다니므로 서지 못한다. 네발짐승과는 달리 높은 곳도 낮은 곳도 마음대로 볼 수 있다는 것은 사람만이 가진 특권이다. 평소에 우리가 놓치기 쉬운 귀하고 귀한 하늘의 선물이다.

시멘트 틈에서 꽃을 피우고 쳐다보는 민들레와 씀바귀도 보인

다. 신호등 기다리는 발길에 차인 이름 모를 풀도 보인다. 일개미들이 행렬을 이루고 이동하는 신기한 모습도 보인다. 담벼락 위에 사뿐히 앉아 있는 고양이도 보인다. 건물마다 붙은 형형색색의 명찰도 보인다. 외국 명찰도 많이 보인다.

스쳐 가는 사람들의 표정은 또 얼마나 다양한가. 하릴없이 실실 웃는 아저씨, 잔뜩 찡그린 아주머니, 주름투성이 할아버지, 세월이 묻어나는 할머니의 성스러운 얼굴, 생기발랄한 여고생, 티 없이 맑은 얼굴로 아장아장 걷는 아이와 흐뭇하게 내려다보는 새댁, 같은 얼굴 같은 표정은 하나도 없다. 사람 얼굴을 어찌 이리 제각각 다르게 만들었는지 신기하다.

걸을 때는 어떤 것에도 구속되지 말자.

나는 오랫동안 자전거 출퇴근을 하면서 배낭을 메고 다니는 습관이 있어, 평소 걸을 때도 배낭을 멘다. 손에 아무것도 움켜쥐지 말고 탈탈 털어버리자. 전화기도 배낭에 넣어버리자. 호주머니에는 종이 쪼가리 하나라도 넣지 말자.

양손을 앞뒤로 마음대로 저으면서 걷자. 자유로움이 온몸에 스며든다. 발걸음이 덩달아 가벼워진다.

작년에 읽은 책 중에 인상 깊었던 책이 있다. 미국의 한 의대 교수가 쓴 『편안함의 배신』이라는 제목의 책이다.

내용 중 몇 가지를 가져와 본다.

'편리한 것들은 어떻게 내 삶을 마비시키는가. 우리의 몸과 마음을 구속하는 편리 과잉 시대, 그에 맞서는 강력한 생존 법칙은 무엇인가. 불편과 더불어 사는 법을 배우는 것이야말로 현대사회를 살아가는 데 가장 필요한 생존력이다. 21세기를 살아가는 가장 중요한 기술은 바로 불편을 즐기는 것이다.'

탈래탈래 걷자. 걸어야 사람이다.

(2019. 7. 19)

어떤 상전

때 되면 밥 줘야 했다. 밥값은 기본이 3만 원이었고 배불리 먹이려면 5만 원이었다. 밥 주지 않으면 예고도 없이 파업했다. 주기적으로 윤기가 반들반들하게 목욕시켜줬다. 아프면 병원에 입원시켰다. 6개월에 한 번씩 투석도 해줬다. 입원비 치료비 건강관리비가 만만찮았다. 보험 들어주는 건 필수였다. 1년에 두 번 세금도 내줬다.

이런 상전을 23년간 모셨다. 나는 자발적 하인이었다. 내가 필요해서 상전으로 모셨으니 어디다 하소연도 못 했다. 나는 5천 원짜리 밥을 먹었다. 상전은 나보다 10배나 비싼 밥을 먹었다. 나와 비교할 수 없을 정도로 큰 위장을 가졌다. 소화도 잘 시켰다. 금방 배가 꺼졌다. 파업하기 전에 빨리 밥을 사 먹여야 했다.

상전은 나이가 들면서 기력이 약해졌다. 늙어가는 상전을 잘 모시기 위한 인터넷 카페에도 가입했다. 어떻게 모시면 상전께서 아프지 않고 행복한 노후를 보내느냐. 아프실 때는 어떻게 치료해야 하며 용한 병원은 어디에 있느냐. 이런 종류의 의견을 교환하고, 하인들의 친목도 도모하는 카페였다.

작년에 상전을 하늘나라로 떠나보내 드렸다. 23년간의 정들었던 상전을 떠나보낼 때 가슴이 너무 아팠다. 태어나자마자 나를 하인으로 삼고, 평생 생사고락을 같이한 상전이었다. 이름 없는 한적한 어느 산 밑에서 온종일 하인을 기다려주었을 만큼 마음이 착했다. 비 오면 비를 대신 맞아주고 눈이 오면 눈을 맞아주었다. 내가 삶의 벼랑 끝에 몰렸을 때, 감당하기 힘들었던 외로움과 고독을 오롯이 함께했다. 상전과 하인을 떠나서 우리는 없어서는 안 될 둘도 없는 친구였다. 나는, 한 번 상전으로 모시면 죽을 때까지 같이 하는 성격이다.

상전을 떠나보낸 후 한동안 마음이 허전했다. 그래도 다른 상전들보다 편하게 생활하다가 떠났다는 생각에 위안 삼았다. 내가 다른 사람들보다 운전을 적게 해서 23년 동안 15만㎞ 정도만 운행했기 때문이었다. 하인의 짐을 내려놓게 되어, 한편으로는 후련했다. 다만 자전거로 출퇴근하면서, 상전을 오랫동안 뒷방 늙은이로 방치한 일은 두고두고 가슴이 아린다. 활동시키지 못함으로써 상전의 수명을 재촉했다는 죄책감은 여태껏 지울 수 없다. 나의 상전은 '뉴프린스' 1996년생이었다.

자전거로 출퇴근한 지가 12년이 넘어간다. 자전거로 인하여 나

의 신분이 하인에서 상전으로 바뀌었다. 세상은 오래 살고 볼 일이다. 내가 상전이 되었다니, 지금도 믿어지지 않는다. 자전거 출퇴근은 말이 쉽지, 아무나 하지 못한다. 나에게 자전거 출퇴근을 할 수 있는 달란트를 주신 분께 감사드린다. 자전거는 나의 하인이므로 밥 사 달라고 하지 않는다. 상전인 내가 식당에 들어가면 문밖에서 얌전히 기다린다. 상전이 배가 불러야 하인인 자전거가 움직일 수 있기 때문이다. 밥 안 먹고 힘이 없으면 페달을 밟지 못한다. 하인이므로 보험도 필요 없다. 세금도 없다.

상전이 되고 나니 주변에 하인들이 하나둘 몰려들기 시작했다. 수성경찰서 옆 4층 건물 주인 권 사장이라는 하인은 고급 외제차를 상전으로 모시고 산다. 내가 자전거를 타고 출퇴근하는 길에 아침 저녁으로 만난다. 볼 때마다 따라오면서 말한다. "사장님! 존경합니데이." 12년 동안 덥디더운 한여름이나 춥디추운 한겨울에도 어김없이 자전거를 타는 나를 보고 감동을 하였단다. 내가 아무리 자전거를 권유해도 안 탄다. 그는 하인 체질이기 때문이다. 상전 아무나 하나. 우리 대학 동기들한테도 내가 선망의 대상이다. 아직도 그들은 하인 신세를 벗어나지 못하고 있다.

상전이 되면 멋있고 보기도 좋다. 수필 교실의 은종일 선생님도 범어동 길바닥에서 만날 때마다 보기 좋다고 하셨다. 내가 외제차에서 내렸다면 보기 좋다고 하셨을까. 상전은 멋있는 거야.

상전이 되면서 인생이 달라졌다. 하인으로서 받던 스트레스가 없어지면서 건강이 보너스로 주어졌다. 하인일 때는 보지 못했던 대자연의 온갖 풍광들이 가슴에 안겨 왔다. 감성이 풍부해졌다. 내 인생에서 다시는 하인은 없다. 늘그막에 상전으로 신분이 상승하여 행복하다.

(2019. 10. 18)

짐

"감사합니다."

오늘 버스를 처음 타는 **짐**이 교통카드를 대면 기계가 내뱉는 소리입니다.

"환승입니다."

버스를 갈아타는 **짐**이 교통카드를 대면 기계가 내뱉는 소리입니다.

짐값은 1250원입니다.

30분 이내에 갈아타는 **짐**은 **짐**값 안 냅니다. 멀리 배달되든 가까이 배달되든 시간이 오래 걸리든 값은 똑같습니다. 화물트럭보다 **짐**값이 훨씬 쌉니다. **짐** 싣는 인건비가 한 푼도 안 들기 때문입니다.

승강장에 버스가 설 때마다 **짐**이 자동으로 실립니다. 운전기사가 일일이 **짐**을 들어 올릴 필요가 없습니다. 버스 앞문이 열리면

짐 스스로 올라옵니다.

그뿐인가요?

버스에 올라온 **짐**들은 빈자리마다 알아서 차곡차곡 접혀 앉습니다. 빈자리가 없는 남은 짐들은 통로에 세로로 자동 정리됩니다.

더 실을 **짐**이 없으면 문을 닫고 버스가 출발합니다. **짐**이 너무 많은 경우엔 기사가 버스를 한 번 흔들어주면 자동으로 정리됩니다. 옛 시절 버스에 실리는 짐은 무한정이었습니다. 그에 비하면 요즘은 훨씬 여유가 있습니다.

버스가 승강장에 설 때마다 올라온 **짐**들은 하나같이 말이 없습니다. 짐끼리 서로 눈이 마주쳐도 말은 하지 않습니다. 인사도 하지 않습니다. 표정의 변화도 없습니다. 어디까지나 짐이기 때문입니다. 의자에 접혀 앉은 짐들은 대부분 눈을 감아버립니다. 짐은 절대로 말하면 안 됩니다.

버스에 실린 **짐**들은 내릴 때도 스스로 잘 내립니다. 기사가 움직일 필요가 없습니다. 교통카드를 기계에 체크하는 것도 알아서 합니다. 내릴 때도 말 한마디 안 합니다. 불평불만 한마디 없습니다. 짐은 아주 착합니다.

나는 오늘 나 스스로 **짐**이 되어 버스에 실려 범어동까지 배달되었습니다. 그랜드호텔 승강장에서 나라는 존재의 **짐**이 스스로 내렸습니다. 발을 땅바닥에 내디뎠습니다. 움직여봤습니다. 걸어집니다.

"나는 사람이다!"

갑자기 이렇게 중얼거렸습니다. 발이 있어 걸을 수 있었습니다. 입이 있어 말도 할 줄 알았습니다. 비로소 나는 사람이 되었습니다.

자전거를 타고 출근을 한 지 12년이 넘었습니다. 마주 오는 자전거를 보면 누구든 서로 반갑게 인사를 합니다. 승용차나 버스보다 느리지만, 마음의 여유가 있기 때문입니다. 느림이 주는 선물입니다. 인사를 주고받으면 기분도 상쾌해집니다. 비록 대화는 없지만, 말 없는 격려가 서로에게 힘이 됩니다.

낙동정맥을 홀로 종주할 때 대중교통을 이용했습니다. 다음 들머리인 창수령으로 가려고 영양에서 영해로 넘어가는 군내버스를 탔습니다. 몇 안 되는 승객들은 전부 노인들이었습니다. 고추가 가득 담긴 포대가 의자 옆에 놓였습니다. 서로 버스가 떠나갈 듯 시끄럽게 이야기를 주고받았습니다. 기사도 자연스럽게 대화의 장에 끼어들었습니다. 모두가 잘 아는 듯했습니다. 나에게도 스스럼없이 말을 걸었습니다. "어디까지 가냐, 뭐 하러 가냐, 스틱은 어디에다 쓰느냐."라고. 버스는 동네마다 들러서 집 앞에까지 고추 포대를 배달해주었습니다. 부러울 만큼 인심이 훈훈하였습니다.

비가 올 때나 특별한 사정이 있을 때는 자전거를 두고 시내버스를 탑니다. 버스를 탈 때마다 내가 **짐**이 되는 느낌을 지울 수가 없습니다. 버스에 탄 사람들 대부분은 잠을 자거나 핸드폰을 들여다봅니다. 타인에게 전혀 관심이 없습니다. 그래서 나는 더욱 자전거에 애착이 갑니다. 자전거는 없어서는 안 될 나의 두 발이 되었습니다.

(2019. 11. 15)

만원 버스에서

반야월에서 범어동으로 가는 814번 버스를 탄다. 빈자리가 많아 단독좌석을 골라 앉는다. 용계동 강촌마을 망우공원을 뱅뱅 돌아 아양교역이다. 출근 시간이라 사람들이 줄지어 올라온다. 아주머니 아저씨 할머니 할아버지 처녀 총각 다 모인다. 빙 둘러보니 나보다 젊은 사람들도 자리에 많이 앉았다. 자리를 양보해야 할 나이는 넘었음에 안도하는 자신을 발견한다. 좋은 현상인가 나쁜 현상인가. 당장은 좋지만, 나이 먹었다고 좋아할 일은 결코 아니다.

버스 기사의 외침이 갑자기 빨라진다.

“퍼뜩 올라타소.”

“발 퍼뜩 올리소.”

파티마병원 삼거리를 돌아 동대구역에 선다. 기차 타고 온 사람들이 여기 다 모였다. 버스가 서자 갑자기 우르르 몰려든다. 버스

기사의 음성은 이제 거의 자동으로 나온다. 똑같은 톤의 반복은 녹음기를 틀어놓은 듯하다. 일상인 듯 아무렇지 않게.

"퍼뜩 올라타소. 발 퍼뜩 올리소."

"퍼뜩 올라타소. 발 퍼뜩 올리소."

버스 안은 완전히 만원이다. 사람들의 몸이 서로 밀착되고 공기가 후끈하다. 출발과 동시에 한쪽으로 쏠린다. 손잡이를 꽉 잡고 버티는 모습에 옛 생각이 떠오른다. 우리 동네에도 지금은 상상할 수도 없는 만원 버스가 비포장도로를 달렸다. 아침이면 몇 대나 그냥 보내고 겨우 올라타면 사람들에 눌려 배가 터질 듯 힘들었다. 버스가 덜컹거릴 때마다 몸은 위로 붕붕 솟구쳤다. 휘어진 도로를 돌아갈 땐 한쪽으로 쏠리면서 자동으로 정리되었다. 문손잡이를 두 손으로 잡고 밀어붙이면서 겨우 버티던 소녀 차장의 모습이 아련하다.

21세기에 아직도 만원 버스가 있다니 신기하다. 내가 앉은 의자 바로 앞에 D라인 아주머니가 버스 흔들릴 때마다 겨우 버티며 섰다. 나보다 스무 살 정도나 적어 보이니 안타깝지만 양보할 수는 없는 노릇이다. 사람들의 무게에 눌려 의자 귀퉁이 손잡이에 D라인 배가 움푹 눌렸다. 졸지에 H라인이 돼버렸다. 보고 있자니 내 마음이 다 졸인다. 저러다 터지면 어쩌나.

상공회의소와 법원을 지나 그랜드호텔 정류장에 내리려고 일어선다. 그때까지 내 앞에 섰던 D라인 아주머니가 잽싸게 내가 앉았던 자리에 앉는다. 다행이라는 생각을 하며 내렸지만, 마음이 편하지 않다.

겨울만 되면 기침이 잦다가 몇 년간 괜찮은가 싶더니 며칠 전부터 또 그런다. 안 되겠다는 생각에 종합병원에서 각종 검사를 했다. 방사선 천식 기관지 이비인후과 등 온갖 검사를 해봐도 정상이라고 나왔다. 그러면서 기침은 위장과도 관련이 있으니 이제부터 관리해야 한다는 의사의 최종진단이 있었다. 과식하지 말고 간식 먹지 말라 했다. 특히 복부비만을 조심하라고 했다.

덕분에 건강관리를 등한시한 자신을 되돌아보는 계기가 되었다. 건강은 늘 증상이 나타나야 돌아보게 된다. 평소에 관리해야 함에도 실천하기가 정말 어렵다. 증상이 나타난다는 것은 바로 몸에 브레이크가 걸렸다는 뜻이다. 브레이크가 걸리기 전에 안전운전을 해야 하는 것이 최선의 방법인데 말이다.

오늘 아침 버스 안에서 진땀 흘리며 버티던 D라인 아주머니를 통해서도, 이제 정말 뱃살을 줄여야겠다는 생각을 다잡아 본다. 건강에 더 강력한 브레이크가 걸리기 전에 열심히 자전거를 타야겠다.

(2019. 11. 8)

곁

매년 이맘때면 어김없이 이 꽃 핀다. 그러면 또 이름이 떠오르지 않고 가물가물해진다. 이토록 화려한 꽃의 이름이, 이토록 긴 세월 동안이나, 머릿속에 단단히 저장되지 않는다는 사실이 의아하다. 처음 이 꽃을 접했을 때, 남다르게 풍성하고 예쁘다는 생각이 들었다. 머리숱이 빼곡하고 얼굴이 탐스럽게 생긴 도시 처녀를 보는 느낌이었다. 순박하다는 생각보다는 뭔가 세련됐다는 느낌이랄까. 나 같은 사람이 감히 접근할 수 없는 고고한 자태를 풍겼다.

자전거 출근길에 만나는 한적한 마을이 있다. '비 내리는 고모령'의 바로 그 고모동이다. 여기를 지날 때면 마음이 편해진다. 내 고향도 이런 동네다. 오늘따라 우회도로를 버리고 동네 안 골목으로 접어들었다. 담장을 끼고 도는데, 어느 순간 길섶이 훤하다는 느낌이 들었다. 아니나 다를까, 화창한 날씨를 만끽하듯 밝고 환한 얼굴로 나를 기다리는 꽃이 있는 게 아닌가. 나를 골목으로 이끌었구나.

올망졸망한 졸병들까지 거느리고.

자전거를 세우지 않을 수 없었다. 얼굴이 달덩이같이 뽀얗고 머리숱이 풍성하여 골목에서 확 드러나는 군계일학이었다. 사진을 찍고 조심스레 만져보고 코끝을 대보고 하는데, 이거 어쩌랴, 또 이름이 가물가물한다. 나를 기다렸다며 반갑게 웃어주는데, 정작 나는 이름이 생각나지 않으니, 이런 낭패가 없다. 처음부터 이름을 몰랐다면 모를까. 작년에도 이름을 마음속에 새기고 또 새기고 했는데도 말이다. 'ㅈ'으로 시작하는데, 도대체 왜 생각이 안 나지?

7년 전 5월, 이 꽃을 처음 보고, 하도 인상적이어서 인터넷을 검색해봤더니 작약이라는 이름을 가지고 있었다. 흔한 이름은 아니었다. 고상하고 묵직한 이름이 꽃의 이미지하고 잘 어울린다는 생각이 들었다. 그런데 유달리 발음이 쉽지 않았다. 그때부터 매년 나하고 작약하고 밀고 당기기가 시작되었다. 'ㅈ'만 확실하게 생각나고 나머지는 머릿속에 뱅뱅 돌다가 사라졌다. 그러면 온갖 낱말들을 끼워 맞추면서 애를 쓰지만 결국 두 손 들고 만다.

사무실에 도착하여 겨우 이름을 찾았다. 7년 동안이나 인터넷을 검색해봐야 될 만큼 내 기억력이 쇠퇴하지는 않았다. 다른 꽃 이름은 그 정도로 못 외우지는 않으니 말이다. 그보다 훨씬 못생긴 꽃들도 척 보면 다 아는데, 이렇게 잘난 꽃을 못 외운다. 대학 교양과정 국문학 선생님이었던 김춘수 님의 꽃이라는 시詩에 '내가 그의 이름을 불러주었을 때 그는 나에게로 와서 꽃이 되었다'라는 유명한 구절이 있다. 너는 나에게로 와서 꽃이 되었는데, 나는 너의 이름을

잊어버렸으니 할 말 없다. 미안하다.

작약 옆에는 나지막한 감나무가 있었다. 감꽃이 수줍은 듯 숨었다. 크고 반질반질한 잎사귀의 위용에 눌려 감히 꽃이라고 내세울 처지가 못 된다. 바닥에 제법 떨어져 있었다. 손을 뻗어 감꽃 하나 따서 깨물었다. 상큼한 맛이 입안에 전해졌다. 고향의 맛이었다. 어릴 적 아침에 일어나면 감꽃부터 주우러 갔다. 갓 떨어진 감꽃은 새하얗고 싱싱하다. 먹기도 하고 목걸이를 만들어 목에 걸기도 하였다. 짚으로 끼운 나일론 목걸이였다. 그걸로 소꿉친구하고 서로 감꽃 내기도 했다.

중·고등학교 다닐 때 시내에 사는 친구들은 부러움의 대상이었다. 네모반듯한 벽돌집에 대해 얼마나 동경했었는지 모른다. 우리 집은 시골 초가집이었기 때문이었다. 대학을 대구로 유학 와서도 마찬가지였다. 좁은 하숙방에 들어갈 때마다 대구 토박이들이 부러웠다. 1학년 때, 화려한 의상을 차려입고 교실에 들어오는 도시 여학생들은 감히 쳐다보지도 못했다. 어릴 적 자리 잡은 내 안의 열등감을 털어내지 못했다. 도시의 일원이 되었건만 마음은 시골 학생이었다.

화려하고 세련된 꽃은, 네모반듯한 벽돌집이요, 세련된 대구 토박이 여학생들이었다. 호락호락하게 곁을 내주지 않을 것처럼 느껴졌다. 그래서 접근하기가 어려웠다. 감꽃은 순박하고 만만하였다. 마음대로 먹고 남으면 던져버려도 되었다. 내 마음은 자연스레 감꽃에 열렸다.

3년 정도면 대부분의 꽃 이름은 외운다. 올해 이름을 알았다가,

계절이 바뀌면 잊어버렸다가, 내년에 또 이름을 익히고를 세 번 정도 반복하면 친해진다. 내가 꽃을 알아가는 방식이다. 친해진다는 건 서로 마음을 준다는 뜻이기도 하다. 나도 곁을 내어주고 꽃도 곁을 내어준다. 유독 작약이라는 꽃에만 7년이나 곁을 내어주지 않았던 게 아닐까. 꽃은 말이 없으니 원인은 나한테 있다. 이제부터 내가 마음을 활짝 열고 다가가자. 작약! 내년엔 단번에 알아볼게.

잘난 사람에게는 왠지 거부감이 들면서 곁을 잘 내주지 못했다. 감꽃같이 만만한 사람에게만 곁을 내주었다. 세상에는 감꽃 같은 사람뿐이었겠는가. 가치관이 다르고 성장 배경이 다르다고 마음속으로 배척하지는 않았는지 되새겨 본다. 나이 먹어가면서 가슴이 조금은 넓어졌다고 생각되지만, 아직 턱없이 모자란다. 더 넓혀야겠다. 사무실에 오는 손님들에게 차갑게 대하지는 않았는지도 되돌아본다. 주위의 모든 이들에게 스스럼없이 곁을 내주어야겠다.

감꽃도 자세히 보면 깨끗하고 예쁘다. 군더더기 하나 없는 단순미가 돋보인다. 영글어 가는 감에 기꺼이 자리를 내준다. 순박하고 희생적이다. 속이 뻥 뚫려 속내를 숨기지도 못한다. 감꽃 같은 사람에게는 더 잘해 주리라.

집에도 감꽃 하나 있다. (2019. 5. 24)

찔레꽃

수업 중에 갑자기 교양과정부 교실 복도가 쿵쾅거렸다. 한 무리의 학생들이 어깨동무하고 달리면서 교실 문을 발길로 차 열었다. 고함과 구호 소리가 뒤섞여 쏟아져 들어왔다. 교수님의 당황한 표정을 뒤로하고 나도 재빨리 합세했다. 뛰어나가는 친구들은 일부에 불과하고 나머지는 멍하니 자리에 박혔다.

어깨동무 무리에 섞여 구호를 외치며 후문으로 달려 나갔다. 담박 건물 위에는 사진을 찍는 사람들이 군데군데 숨었다. 맨 앞줄에 선 학생들이 경찰 방어막에 밀려 뒷줄로 넘어가고 차례차례로 뒷줄이 앞줄이 되기를 반복하였다. 방향을 돌려 정문 쪽으로 뛰기 시작했다. 숨이 턱에 닿고 기운이 바닥났다. 어깨동무하고 뛰는 것이 그렇게 힘든 줄 몰랐다. 정문에도 마찬가지였다. 덜컥 겁이 났다. 순간적으로 고향에 계신 부모님이 떠올랐다. 데모에 가담만 해도 잡혀가던 시대였다.

1975년 4월 초순이었다. 청운의 꿈을 안고 대학에 입학하여 맞은 첫 경험이자, 내 생의 마지막 경험이었다. 이후에는 그런 데모 꿈도 못 꾸었다. 유신의 철권통치가 학교 곳곳에 스며들었기 때문이었다. 그렇게 소란은 씻은 듯이 잠잠해졌다. 과科 선배들도 그날의 이야기를 일체 하지 않았다. 일종의 금기가 되었다.

신입생 환영회 자리에서도 그런 말은 일체 입에 오르내리지 않았다. 환영회 분위기가 침울하고 과격했어도, 빡빡머리가 아직도 덜 자란 우리는 몰랐다. 밤새 막걸리만 퍼마셨다. 군 제대 후 복학하고서야 어렴풋이 알게 되었다. 군대가 아닌 곳에서 석방되어 복학한 선배한테 이모조모로 억울함을 전해 들었다. 억눌려 입도 뻥끗 못 하고 편하게 공부만 하는 내가 부끄러웠다. 희생을 모른 체하고 고시 공부나 해야 하는 우리가 너무 비굴하다는 생각도 들었다. 공부에 집중하지 못하고 학업을 마쳤다.

> 찔레꽃 붉게 피는 남쪽 나라 내 고향
> 언덕 위에 초가삼간 그립습니다.
> 자주 고름 입에 물고 눈물 젖어
> 이별가를 불러 주던 못 잊을 사람아.

이 노래는 우리 과科의 공식 노래였다. 아직도 습관적으로 이 노래를 흥얼거린다. 부를 때마다 애절하고 슬픈 느낌이 들었다. 당시

의 분위기가 스며들었기 때문이었다. 저항적이고 은유적인 가사의 노래들이 학생들 사이에 많이 불렸다.

졸업하고 취업하고 결혼하고 바쁘게 살면서 학창 시절을 잊어버렸다. 세월이 흐르고 민주화 시대가 왔다. 언론은 자유를 찾았고 기사 검열은 없어졌다. 너도나도 지난 시대의 상처를 다시 찾아 들추어냈다. 그때 그 데모의 원인이 되었던 사건이 유신 시대 탄압의 상징이었다. 당연히 제일 먼저 도마 위에 올랐다.

무고한 사람들을 잡아들여서 죄를 만들어 엮고, 대법원 판결 18시간 만에 사형집행을 한, 전대미문의 사법살인이었던 '인혁당 재건위' 사건이었다. 그분들 대부분은 대구사람들이고 그 중심에 우리 과 선배가 있었다. 그때 그 울분의 데모를 했던 날 새벽에 형이 집행되었다. '마당 깊은 집'의 저자 김원일이 당시 사건을 재구성하여 쓴 소설 '푸른 혼'을 읽어보면 그 억울함이 어느 정도였는지 짐작할 수 있다. 지금은 복권되어 민주화의 상징으로 명예회복을 하였으나, 이미 그들은 불귀의 객이 되었을 뿐이다. 찔레꽃은 떨어져버렸다.

직장이란 조직에서 이탈하여 홀로 되어 앞이 캄캄할 때 산을 찾았다. 평생 조직에 몸담고 죽기 살기로 일했는데, 그 끈이 떨어지고 나니, 조직은 아무런 의미가 없다는 걸 실감했다. 세상에 나 홀로 남겨진 듯 몸서리치도록 외로웠다. 산이 유일한 친구였다. 자연은 나를 보듬어주고 위로해주었다. 너른 품으로 안아주었다. 홀로 백두대간을 하면서 문경 구간을 넘어 하늘재에 이르렀다. 하늘재 산장에서 흘러나오는 장사익의 '찔레꽃'은 나의 애간장을 녹이기에 충분했다. 그의 끊어질 듯 토해내는 소리에 나도 모르게 이끌렸다.

> 하얀 꽃 찔레꽃 순박한 꽃 찔레꽃
> 별처럼 슬픈 찔레꽃 달처럼 서러운 찔레꽃
> 찔레꽃 향기는 너무 슬퍼요 그래서 울었지 목놓아 울었지
> 찔레꽃 향기는 너무 슬퍼요 그래서 울었지 밤새워 울었지
> 아 찔레꽃처럼 울었지 찔레꽃처럼 노래했지
> 찔레꽃처럼 사랑했지 찔레꽃처럼 살았지

지난날들이 주마등처럼 스쳐 가며 가슴이 아려왔다. 아무도 없는 길고 긴 산길을 걸어온 외로움이 뒤섞여 뭉클거리며 눈물이 났다. 펑펑 울었다. 세상에 오로지 나 홀로뿐이라는 생각이 고독감을 증폭시켰다. 수첩에 가사를 적었다. 다음 들머리로 들어서면서 마냥 흥얼거리기 시작했다. 노래도 슬펐다. 가사도 슬펐다. 찔레꽃도 슬펐다.

그의 찔레꽃은 나의 18번이 되었다. 카세트를 사서 차에 꽂아두고 심심하면 틀었다. 금호강에서 하는 동구區 행사에 그가 두어 번 온 적이 있었다. 만사 제쳐두고 가서 그의 노래 '찔레꽃'을 들었다.

일을 시작하기 전에 취미로 하던 블로그 이름도 '찔레꽃'이었다. 제목을 짓는 데 한 치의 망설임이 없었다. 지금도 그 블로그는 살아있다. 가끔 들어가 보면 내가 어렵고 외로울 때 쓴 글들이 가슴을

저민다. 그런 가슴 저미는 글은 다시 쓰라면 못 쓴다. 형편이 풀리면 어려운 시절의 감성은 달아나기 때문이다.

아침마다 자전거를 타고 강변길 논둑길 고갯길을 거쳐 출근한다. 5월이면 찔레꽃이 만개한다. 내 눈에 보이는 찔레꽃은 다른 사람들이 보는 찔레꽃과 다르다. 나만의 슬픔과 외로움과 고독이 스며들어있다. 내 인생의 부록 첫 장에 찔레꽃이 있다.

찔레꽃도 여름이면 꽃을 떨구고, 가을이면 열매를 맺는다. 대부분의 사람들은 가을의 열매를 보고는 찔레나무인지 모른다. 오로지 꽃이 필 때만 찔레나무인 줄 안다. 나는 안다. 꽃이 떨어지고 나서야 열매가 맺힌다는 것을. 꽃의 희생이 없었다면 열매도 있을 수 없다는 것을.

오늘 아침 자전거 출근길에 찔레 열매를 보았다. 빨갛고 앙증맞고 예쁘다. 슬픔과 외로움을 딛고 당당하게 맺힌 열매다.

(2019. 10. 11)

동행

아버지 자전거 짐받이는 넓고 튼튼하였다. 늘 굵은 고무줄이 가로질러 묶여 있었다. 출근하실 때는 도시락이 묶였다. 보자기에 싸인 노랗고 납작한 도시락이었다. 밥과 반찬이 한꺼번에 들어 있었다. 도시락 한쪽엔 길쭉한 반찬통이 자리하였다. 반찬은 주로 멸치볶음이었다. 어머니가 제일 맛있게 하시는 반찬이었다.

도시락을 자전거에 묶는 일은 내 몫이었다. 아침에 도시락을 묶을 때마다 기분이 좋았다. 곧 아버지가 출근하시기 때문이었다. 아버지가 자전거를 끌고 대문 밖으로 나가시면 내 세상이었다. 마음대로 뛰어놀아도 누가 야단치지 않기 때문이었다. 아버지가 한쪽 다리를 높이 들어 자전거에 올라타고 사라지면, 나도 동네 친구들을 찾아 나섰다.

아버지는 열여덟에 철도에 들어가서 40년을 다니셨다. 경주 남

산 아래 있는 집에서 경주역까지 평생을 자전거로 출근하셨다. 비가 오나 눈이 오나 자전거만 타셨다. 버스 타는 모습을 단 한 번도 본 적이 없었다. 헬멧도 자전거복도 없었다. 진청색 철도복을 사시사철 입고 다니셨다. 여름에는 소매를 걷고, 겨울에는 내복을 껴입으면 그만이었다.

퇴근하실 때는 늘 빈 도시락만 짐받이에 묶여 있었다. 자전거를 타고 대문 내리막을 들어오실 때 달그락거리는 반찬통 소리가 말해주었다. 짐받이에 사탕이나 빵을 사 묶어 오시는 일은 평생 없었다. 국수일지언정 밖에서 음식을 사 먹는 일도 없었다. 식당에 들어가시는 아버지 모습을 본 적이 없었다.

가난한 집 장남으로 태어나서 초등학교만 나오시고 그렇게 희생하셨다. 자전거도 한 번 사면 오래오래 타셨다. 아끼고 아껴서 돈이 모이면 무조건 논을 샀다. 한 마지기 두 마지기 논이 불어나면서 우리 동네에서 제일 많은 서른 마지기가 되었다. 내 동무들은 논이 많은 집이 제일 부자라고 부러워하곤 했다.

나는 시내 중학교로 진학했다. 집에서 십 리 길이었다. 한 시간을 걸어 다녔다. 왕복 두 시간이었다. 만만한 어머니에게 자전거를 사 달라고 졸랐다. 어머니가 아버지께 말씀드리면 일언지하에 거절하셨다. 한 대 더 있는 자전거는 고등학생인 형의 차지였다. 결국 중학교 3년을 꼬박 걸어 다녔다. 고등학교에 가서야 형이 타던 자전거를 물려받았다.

낡은 자전거 하나 물려받는 데 3년이 걸렸다. 나의 자전거에 대한 애착은 그렇게 시작됐다. 그 당시 자전거는 철鐵로 만들어졌다. 지금과 같은 알루미늄 자전거나 티타늄 자전거는 상상도 못 했다. 무거웠지만 무거운 줄 모르고 타고 다녔다. 철鐵 자전거는 튼튼했다. 학교에는 큰 자전거 보관소가 있었고 대부분 친구도 자전거를 타고 다녔다.

우리 동네 앞을 흐르는 남천南川을 건너야 하는데, 거긴 나무다리가 길게 놓여있었다. 무거운 철 자전거를 어깨에 메고 다리를 건너다녔다. 변속기도 없었다. 오르막에서는 내려서 끌면 그만이었다. 책가방을 핸들에 걸치면 폼 나는 멋쟁이 학생이 되었다. 여학생 옆을 쌩쌩 지나가면 괜히 마음이 우쭐해졌다.

아버지는 철鐵 자전거로 집안을 일으키셨다. 퇴직하시고는 자전거를 타실 일이 없었다. 평생을 출근하시다가 집에만 계시더니 급기야 우울증이 찾아왔다. 그때부터 아버지와 우울증의 동행이 시작되었다. 증세가 좋아졌다, 나빠졌다 반복하며 노후를 보내셨다. 다행히 말년에는 즐겁게 사셨음에 위안 삼는다.

중학교 3년 동안 자전거 사달라고 소원을 해도 안 사줘서 원망도 많이 했지만, 왕복 두 시간을 걸으면서 다리가 단련되었다. 헌 자전거지만 너무 소중한 물품이라는 인식을 심어주었다. 지금 내 몸에 밴 절약 정신은 그때 깊숙이 자리 잡았다. 홀로 논둑 밭둑을 걸으며 자연과 친해지며 마음도 성숙해졌다. 안압지(월지)를 가로질러 다니면서 신라인들과도 소통했다. 사춘기의 예민한 마음속에 자연스럽게 감성이 자리 잡았다. 음악과 노래를 좋아하게 된 것도 그때부

터였다.

온몸을 바친 직장에서 이탈하여 벼랑 끝에 매달린 나를 일으켜 세운 일등 공신은 바로 자전거였다. 아버지가 물려주신 유산인 자전거 정신이 나를 살렸다. 실의에 빠져 의욕을 잃고 있을 때 아버지를 생각하며 자전거를 다시 타게 됐다. 사업을 시작하면서 고등학교 졸업 후 33년 만에 자전거를 타고 집을 나선 것이다. 목적지가 학교 아닌 사무실로 바뀌었을 뿐이다. 핸들에 매달렸던 책가방은 등에 멘 배낭으로 바뀌었다.

그렇게 시작한 자전거 출근이 12년을 넘겼다. 비가 오나 눈이 오나 탔다. 아버지의 자전거 정신을 잊어버리지 않았다. 그 세월 동안 자전거가 나를 당당하게 일으켜 세웠다. 아침에 나오면 만나는 길섶의 풀꽃에서 희망을 얻었다. 물밑에서 쉴 새 없이 발을 움직이며 물고기를 찾아다니는 오리를 보며 생존법칙을 깨달았다. 이 꽃 저 꽃 부지런히 옮겨 다니는 꿀벌에게서 부지런함을 배웠다.

자전거로 남들보다 일찍 출근하고 남들보다 더 뛰었다. 열심히 하는 사람은 못 당한다. 내 사업이므로 내가 움직이는 만큼 결과는 나에게로 오롯이 돌아왔다. 직장에서의 성취감은 진급이 전부였지만 자영업의 열매는 오롯이 내 몫이었다. 자전거 출근이 동기가 되고 용기를 주었다. 아버지가 자전거를 통하여 못난 아들의 앞길을 열어 준 것이었다.

남들은 휴일에 운동하러 체육관에 나가는데, 나는 자전거를 통하여 평소에 운동이 되었다. 자연스럽게 건강이 따라서 온 것은 물론이다. 아버지의 또 다른 유산인 우울증도 자전거를 타는 나에게는 없다.

나는 올해 자전거로 4대강과 국토종주를 했다. 남들은 가볍고 비싼 자전거를 타고 종주하는데, 나는 철鐵 자전거를 고집했다. 거기에 더욱 의미가 있다. 마음속으로 아버지와 나란히 종주했다. 아버지와 함께함으로 무겁지 않았다.

(2019. 8. 30)

바람개비

나는 지금 새로운 세상에 올라와 있다. 눈앞에는 거대한 바람개비들이 돌아가고 있다. 초록 능선에 우뚝 솟은 흰 기둥들은 세 개의 흰 날개를 지탱하고 있다. 아래쪽 날개가 위로 솟구쳤다가 내려오면서 '삐거덕' 내는 소리는 갈매기 울음소리를 닮았다.

파란 하늘은 한여름임을 무색하게 한다. 숲과 하늘과 바람개비들의 조화가 절묘하다. 초록 파랑 흰색으로만 그린 한 폭의 수채화다. 초록과 파랑 틈새의 흰색 선線이 이렇듯 잘 어울리는지는 미처 몰랐다. 바람개비가 마치 원래부터 있었던 자연의 일부로 착각될 정도다. 숲에서 툭 튀어나와 하늘로 솟구친 바람개비들의 귀여운 반전이다. 거대한 바람개비들은 지그재그로 수도 없이 솟아 있다. 그것을 떠받치고 있는 봉곳한 봉우리의 힘겨움은 조금도 느껴지지 않는다. 이미 가족으로 받아들인 듯 산은 의연하다. 크고 넉넉한 품으로 보듬어 안았다. 그럼으로써 더욱 아름답게 빛나는 산으로 우뚝 섰다. 자연은 위대하다.

비행기 날개처럼 생긴 거대한 바람개비가 이토록 작은 바람에 어떻게 돌아가는지 의아하다. 전기로 돌리는 건 아니겠지. 전기를 만들려고 세운 바람개비를 전기로 돌린다는 건 이치에 맞지 않는 거야. 지금 내가 느끼는 바람보다 저 위에서 부는 바람은 엄청나게 셀 거야. 바람개비의 멋진 위용에 빼앗긴 정신을 가다듬고 눈을 동쪽으로 돌린다. 잦아지는 능선 너머 쪽빛 바다가 끝없이 펼쳐진다. 섬 하나 없다. 초록과 쪽빛의 조화로움은 또 다른 그림을 선물한다. 도시의 회색빛에 찌든 눈이 오늘 제대로 정화된다. 안개가 걷히는 기분이라 할까.

눈앞에 보이는 모든 풍경은 여기가 우리 땅임을 잊게 한다. 스위스나 네덜란드 같은, 사진으로 보는 유럽 어느 아름다운 나라를 연상하게 한다. 바람개비 능선을 따라 이어진 포장도로도 자연의 일부로 동화된 듯 조화롭다. 굽이굽이 돌아가는 도로, 너마저 바람개비를 닮았는가.

여기가 바로 **영덕 풍력발전단지다.** 나는 풍력발전단지 앞에 섰다. 풍력발전기 24기로 2005년부터 가동하기 시작했단다. 영덕군민 전체가 사용할 수 있는 양의 전기를 생산한다. 한쪽 날개 길이가 무려 41m에 이르고, 높이는 80m라고 한다. 변전소 홍보관 등의 시설물도 있다.

내 애마인 자전거가 도로 한쪽에 바람개비를 마주 보고 세워져

있다. 포항에서부터 7시간이 넘도록 쉬지도 않고 달려왔으니 지쳤을 것이다. 해안도로를 따라 영덕해맞이공원까지 왔다가, 영덕터미널로 넘어가는 과정에서 길을 잘못 들어 예까지 온 것이다.

영덕 방향으로 난 도로 따라 산을 곧장 넘어야 하는데, 고개 갈림길에서 능선을 따라서 온 것이다. 그러다 바람개비를 만나고 바람개비의 유혹에 빠져든 것이다. 가야 할 길은 잃었지만, 또 다른 길이 기다리고 있었다. 새로운 길은 새로운 세상으로 난 길이었다.

삼거리에서 길을 잘못 들지 않았다면 새로운 세상을 만나지 못했을 것이다. 이토록 거대한 바람개비의 세상을 말이다. 역설적이지만, 길을 잃어버려야 새로운 길을 찾을 수 있다. 새로운 길로 접어들면 새로운 세상을 만난다. 다시 만나는 세상은 이전보다 아름답고 감동적이다.

직장이라는 조직에서의 이탈로 길을 잃고 방황하던 지난날이 떠오른다. 모든 것에 의욕을 잃고 그야말로 벼랑 끝에 몰렸던 고통스러운 시절이 있었다. 몸과 마음이 통째로 피폐해졌다. 길을 잃어버린 것은 꿈을 잃어버린 것이었다. 그러다 산을 좋아하면서 밤낮으로 산을 타고 자연에서 다시 꿈을 되찾기까지 긴 세월이 걸렸다. 산에서 길을 찾았다.

자연은 나의 스승이며 은인이다. 잃어버린 길을 과감히 버리도록 가르쳐 주었다. 그 대신 새로운 길을 뚫을 수 있게 해 주었다. 새로운 길을 놓치지 않게 꿈을 심어주었다. 흔들리지 않는 꿈은 어떤 난관도 헤쳐나가게 해 주었으며, 나에게 솔로몬과 같은 지혜를 주었다.

고난을 극복하고 난 뒤에 열린 새로운 세상은, 예전엔 보이지 않던 세상이었다. 평범하게 살아왔다면 결코 느끼지 못하는 나만의 세상. 그야말로 새로운 세상을 만났다. 새로운 세상은 가슴에 꿈을 가득 채워주었다. 세상 모든 현상을 새로운 눈으로 보게 해 주었다.

바람개비의 거대한 날개가 아래로 내려왔다가 위로 올라가는 모습이 조금은 힘겹게 느껴진다. 바람이 더 세게 불면 쉽게 올라갈 텐데 말이다. 작은 바람에도 끝내 위로 솟구치는 바람개비 날개를 보면서 지나간 날들을 되새김한다. 쉽게 올라간다면 이후에 새로운 세상을 만나지 못한다. 힘들고 어렵더라도 포기하지 않는다면 반드시 위로 올라갈 수 있다.

나도 마음의 날개를 펴고 바람개비에 매달려 하늘을 향해 높이 솟구쳐 올라가 본다. 눈을 크게 뜨고 사방을 둘러본다. 땅에서는 보이지 않던 넓은 세상이 보인다. 끝없는 바다와 겹겹이 구겨져 이어지는 초록빛 능선도 발아래다. 나는 다시 하늘 끝까지 더 높이 올라가는 꿈을 꾼다.

산을 파헤치고 인공 시설물을 설치하면 자연을 훼손하게 되면서 자칫 흉물스럽게 보일 수도 있다. 하지만 영덕 풍력발전단지는 자연과 인공물을 절묘하게 조화시키면서 관광 자원화시킨 성공사례가 되었다.

영덕에 가면 이국적인 세상을 만날 수 있다. 하늘로 솟구쳐 꿈을 싣고 돌아가는 바람개비가 있다.

(2019. 8. 18)

허공에서 찾은 길

고갯길로 접어드는데 나무 조각 같은 작은 물체가 허공에 떠 있습니다. 급하게 자전거를 세우고 들여다보니, 작은 나무 조각조각이 붙어서 돌돌 말려, 거미줄 같은 가느다란 줄에 매달렸습니다. 바람에 일렁거려도 끊어지지 않는 걸 보아, 속에는 틀림없이 애벌레가 있습니다. 교통사고로 다치지 않도록 조심스럽게 거두어 숲으로 이동시켜줬습니다.

순간적으로 초보 산꾼 시절의 철없었던 행동이 떠올랐습니다. 초여름 산길을 걷다가, 나무에 거꾸로 매달려 늘어져 대롱거리는 연두색 애벌레와 마주칠 때면, 아무 생각 없이 스틱을 가로로 휘둘러 줄을 툭 끊어버렸습니다. 산에서는 애벌레가 주인이고 나는 손님임이 틀림없는데 말입니다. 세상 이치를 거스르는 행동이었습니다.

산행 중에 쉬다 보면 배낭과 옷에도 붙어 있었습니다. 애벌레는 생김생김이 너무 징그러워서 아주 싫어했습니다. 보이는 족족 가운뎃손가락을 둥글게 엄지손가락에 말아 튕겨버렸습니다. 조금 아팠겠지만 튕겨서 죽은 녀석들은 없었습니다. 잠시 기절했다가 다시 꼬무작거리며 유유히 갈 길을 갔습니다.

자기 몸에서 나온 긴 줄에 대롱대롱 매달려 있는 것이 애벌레의 의도된 이동수단임을 나중에야 알았습니다. 바람에 의해 이동하기도 하고 나 같은 얼빠진 초보 산꾼의 배낭에 붙어 이동하기도 합니다. 스틱으로 치고 손가락을 튕긴 행동이 결과적으로 녀석의 이동을 도와준 꼴이 되었다고 생각하니 작은 배신감이 들었습니다.

경력이 쌓여가면서 산과 자연에 대한 관점도 달라지기 시작했습니다. 백두대간을 하면서 조난도 당해보고 절벽에서 추락도 경험하면서 자연스레 깨달았습니다. 산이 나를 받아줘야 비로소 산꾼이고, 산에 사는 모든 생명을 아끼고 사랑해야 하고, 허리를 숙이고 자세를 낮춰야 한다는 것을. 산의 주인인 애벌레가 산길 한가운데에 매달려 있어도, 그것을 치워버릴 권리가 손님인 나한테는 없었습니다. 비록 지금은 작고 볼품없는 벌레로만 보일지라도, 나중에는 시원한 노래로 더위를 식혀주는 매미가 되기도 하고, 아름다운 나비가 되어 꽃을 수정시켜 열매를 맺게 해 줍니다. 무심코 내딛는 발걸음에 밟혀 죽었을 법한 어느 애벌레는 며칠만 넘기면 멋진 날개를 가진 나비가 될 수도 있었을 거라는 생각에, 숲에서의 걸음은 더욱 조심스럽습니다.

자전거로 출근하면서 커다란 원색의 벌레가 자전거 길을 횡단하

는 것을 발견할 때도 많습니다. 시야를 수시로 땅으로 향하여 살펴보며 행여나 바퀴로 치지 않게 조심합니다. 어느덧 내 마음속엔 녀석이 단지 애벌레가 아닌 성충인 매미나 나비로 인식됩니다. 큰 녀석은 틀림없이 멋진 호랑나비가 될 것입니다.

지금 내 앞에 매달린 녀석도 멋진 미래를 꿈꾸리라 생각합니다. 몸을 과감히 허공에 던져, 바람에 운명을 맡겼습니다. 여태 있었던 편안한 자리에서만 안주한다면 녀석이 꿈꾸는 미래는 오지 않습니다. 녀석은 결코 길을 잃은 게 아닙니다. 새로운 길을 찾아 떠납니다. 고난이 닥칠지라도 희망을 안고 용감하게 갈 길을 갑니다.

국가적인 경제 위기로 말미암은 구조조정의 한파를 맞았을 때가 생각났습니다. 평생 다닐 것 같았던 조직에서 졸지에 이탈했습니다. 조직에서 떨어져 나가고 나니 아무도 거들떠보지 않았습니다. 여태 충성한 조직은 이미 내 편이 아니었습니다. 허무감이 몰아쳤습니다. 고독하고 외로웠습니다. 길을 잃어버렸습니다.

조직에 대한 미련이 남았습니다. 다시 불러주지나 않을까 하며 허송세월하였습니다. 기다림은 만만치 않았습니다. 가정경제는 피폐해졌습니다. 가장으로서의 입지는 갈수록 좁아져만 갔습니다. 세상에 나 홀로 남겨진 기분이었습니다. 직장에 복귀하는 것 외에 다른 일을 한다는 생각을 못 했습니다. 용기도 없었습니다.

시간이 자꾸만 흐르면서 허공에 매달린 벌레와 같은 신세가 되었습니다. 올라갈 수도 없고 내려갈 수도 없는 신세가 되었습니다. 바람 부는 대로 일렁일 뿐이었습니다. 아래에는 깊은 낭떠러지가 버티고 있었습니다. 살아남기 위해서는 마지막 힘이라도 짜내어 위로 올라갈 수밖에 없었습니다.

그때 비로소 조직에 대한 미련을 버렸습니다. 비워야 살아난다는 것을 깨달았습니다. 막상 비우고 나니 그렇게 홀가분한 줄 몰랐습니다. 원점에서 새로 출발했습니다. 다시 꿈을 꾸기 시작했습니다. 자영업의 세계로 뛰어들었습니다. 열악한 환경 속에서도 밤낮으로 뛰었습니다. 허공에 매달린 상황을 오히려 기회라고 마음먹었습니다. 보이지 않던 길이 보이기 시작했습니다. 시간이 흐르면서 가야 할 길이 분명히 보였습니다.

길을 찾고 나니 모든 것이 수월하게 풀리기 시작했습니다. 그러나 쉬운 길만 있는 게 아니었습니다. 길 따라가다가 어려움이 닥쳤을 때는 허공에 매달렸을 때를 돌이켜 보며 용기를 내었습니다. 고생 끝에 마침내 일어섰습니다. 그리고 길은 스스로 찾아야 한다는 걸 깨달았습니다.

새로운 길을 찾아 다시 일어서고 나니, 세상이 이전과 달리 보이기 시작했습니다. 허공에 매달렸던 순간조차 아름답게 보였습니다. 그 순간이 오히려 고마웠습니다. 세상을 보는 눈을 뜨게 해 주었습니다. 그제야 이웃이 보였고, 허공에 매달린 사람들이 보였습니다.

(2019. 6. 14)

꿈

친구야. 자네는 꿈을 꾸는가.

뚱딴지같이 들리지? 우리 나이에 뜬금없이 무슨 꿈이냐고. 그러게 말이야. 오늘 자네한테 마음먹고 내 꿈 이야기를 하고 싶다네. 그냥 편하게 들어 보게나. 지금부터 하는 말은 평소에 늘 품고 있었던 생각이야. 언젠가 누구한테든 가슴 깊은 곳에서 끄집어내어 시원하게 표현하고 싶었다네. 너무 추상적이고 주관적인 관점이라 여겨도 좋다네.

우리가 흔히 말하는 꿈은 뭘 뜻할까. 아이들에게 "넌 꿈이 뭐야?" "커서 뭐가 되고 싶니?" "대통령이 되고 싶어요." "그래 큰 꿈을 가져야 한단다." 이렇게 말하는 꿈은 바로 목표를 이야기하는 거잖아. 내가 지금 자네한테 꿈이 있느냐고 했으니, 이미 현업에서 물러난 우리 또래에 무슨 꿈이냐고 되묻지 않을 수 없겠지.

내가 말하고 싶은 꿈은 그런 구체적인 꿈을 이야기하는 게 아니야. 최근에 꿈을 꾼 이야기를 먼저 해 줄게. 자네 알다시피 이번 달에 제주도 자전거 종주를 하고 왔잖아. 용두암에서 출발하여 홀로 해안 길을 달리는데 노란 민들레가 길섶에 도열하고 나를 환영하는 거야. 오로지 나를 위해 피어서 나를 위해 웃어주는 기분이 들더라고. 제주도 민들레는 키도 크더라. 나한테 돋보이려면 키가 커야 하잖아. 설마 나 하나만을 위해 민들레가 그랬겠어? 아니잖아. 하지만 나는 정말 그렇게 느낀 거야. 가슴이 뭉클하고 막 떨리더라고. 아름답고 황홀한 꿈을 꾸듯 했어. 이런 게 내가 말하고 싶은 꿈의 한 가지 좋은 예가 되네.

비현실적이지 않으냐고? 맞아. 비현실적이야. 내가 현실 세계에 살고 있지 않은 거 같았어. 꿈속에서 헤매는 느낌이었어. 탁 트인 바다를 보면서도 끝없이 마음이 이어지는 듯했어. 그건 분명 꿈이라고 생각해. 나는 자전거를 타고 종주하는데 배낭 메고 홀로 걷는 종주자도 더러 있더라고. 그 사람들이 제일 부럽더라. 일주일 정도 걷다 보면 나보다 훨씬 많은 꿈을 꿀 수 있을 것 같아서 말일세. 내 가슴속에 꿈틀거리는 꿈이 없었다면, 걷는 사람들보다 차를 타고 편하게 구경하는 사람들이 더 부러웠지 않았을까. 느린 사람들이 느린 만큼 행복해 보이더라고.

좀 더 구체적으로 꼭 집어 이야기하라고? 그런 거 없어. 가슴이 마구 꿈틀거리고 꿈꾸는 느낌이 드는 자체가 바로 꿈이잖아. 그거 말고 뭐가 더 중요해? 내 마음 느낄 수 있는 사람은 나밖에 없어.

보여줄 수만 있다면 가슴을 활짝 열고 보여주고 싶어. 그러니 현상 그대로 받아들이고 이해하면 돼. 꿈은 말 그대로 꾸는 것이지, 이루어지는 건 아니라는 생각이야. 이루어진다면 그건 꿈이 아니고 목표일 뿐이야. 목표 달성하면 꿈이 사라지나. 아니잖아. 또 다른 꿈이 꿈틀거리잖아. 그래서 꿈은 영원하다는 생각이 들어.

강원도 동해안 자전거 종주 가서도 꿈을 꾸고, 꿈을 찾아다녔고, 꿈을 가득 안고 돌아왔어. 가슴속에 꿈이 가득 차야 머릿속에 좋은 생각이 채워지고 손끝에서 글도 나오더라고. 꿈이 글이 되는 거지. 꿈이 없으면 글도 안 나와. 가황 나훈아가 가슴속에 꿈이 사라져서 노래를 만들지 못한다고 8년이나 잠적했다가, 세계 오지를 여행하며 꿈을 다시 찾아와서 좋은 노래를 만들고 공연을 하잖아. 그래서 사람들은 그에게 열광하는 거고. 그를 통해서 간접적으로 꿈을 꾸고 싶은 심리지. 꿈을 잃어버렸다고 절규하던 기자회견을 충분히 공감하네. 가슴속에 꿈이 죽었는데 어떻게 노래를 만들어? 내가 이야기하고 싶은 꿈도 바로 그런 거야. 내가 그분 같은 아티스트나 되느냐고? 우리는 누구나 자기 인생 노래의 작곡가 아닌가.

자전거를 타고 출근하면서 풀꽃을 보고 가슴이 반응하는 이유도 내 안에 꿈이 있어서 그렇지 않을까. 안 그러면 무슨 이유로 풀꽃을 보고 자전거에서 내리겠어. 자전거에서 내렸다가 다시 타는 것도 생각보다 귀찮거든. 미지의 산에 올라가면 가슴이 뛰고 행복해지는 것도 마찬가지야. "올라갔다 내려올 텐데 왜 산에 가요?" 이렇게 말하는 사람은 가슴에 꿈이 없는 거야. 자연은 꿈을 꾸기 제일 좋은 배경이고 장소야. 풀꽃은 가슴에 꿈을 심어주는 하늘이 준 선물이야. 사람은 다 자연을 좋아하고 풀꽃을 사랑하게 만들어졌다고 봐. 다만 세상살이가 각박하여 잊고 살아서 그렇지. 언젠가는 자연으로 돌아가고 거기서 꿈을 꾸게 되지.

먹고사는 데 지장 없는 또래 지인들한테 입버릇처럼 말하는 게 있어. 자전거를 타라고, 산에 가라고. 그도 저도 아니면 손에 아무것도 들지 말고 탈래탈래 걸으라고. 다 싫으면 소설책이라도 읽으라고. 블로그를 만들어 뭐든지 쓰라고. 차를 버리고 대중교통을 이용하라고. 그러면 뭔가 보인다고. 생각이 달라진다고. 하지만 아무도 내 말을 듣는 사람이 없어. 공감은 하면서도 당장 실천을 못 해. 다른 의미로 본다면 마음이 늙었지. 가슴속에 뭔가 꿈틀거리는 게 없다면, 그건 바로 꿈이 없다는 거야. 헬스장이나 사우나에 무슨 꿈이 있겠나. 메마른 거지. 남은 인생 의미 있게 살 생각이 있다면 가슴에 꿈을 담아야 한다네.

은퇴 후 8만 시간, 너무 많은 자유 시간을 어떻게 보내야 하나. 과거에 얽매여 화려했던 시절의 이야기만 하고 살면 꼰대란 소리밖에 못 들어. 그만큼 꼴사나운 게 없어. 다 버려야 해. 나도 한때 계급장에 미련을 못 버리고 몇 년을 헤맨 적이 있었어. 돌이켜 보니 그 세월이 너무 아까워. 계급장은 반납하면 그걸로 끝이야. 평균 수명이 늘어나면서, 퇴직 연령이 아직은 청춘이라고 해도 과언이 아니잖아. 말만 청춘이면 뭐 해. 진짜 청춘을 만들어야지. 내 경험상 스스로 노력해야 한다고.

나는 매일 꿈을 꾼다네. 매일 아침 자전거를 타고 여행을 떠난다네. 일기장에 매일 꿈을 쓴다네. 대자연은 나의 꿈 터네. 꿈이 있음으로 나는 살아있네. 꿈은 나의 든든한 버팀목이자 인생의 동반자네. 나는 죽을 때까지 꿈을 꿀 거야.

친구야! 꿈을 꾸자!

(2019. 5. 26)

개구리의 다급한 절규

"아저씨! 살려주세요!"

자전거 출근길에 고모동을 지나 논둑길로 접어듭니다. 어디선가 다급한 외침이 들립니다. 자전거를 세웁니다. 주위를 돌아봅니다. 무논 한가운데에 두루미가 보입니다. 평소의 모습과는 다릅니다. 먼발치서도 긴박감이 느껴집니다. 뭔가를 물었습니다. 길고 단단한 부리 끝에 걸린 물체가 어렴풋이 보입니다. 스마트폰으로 당겨 찍어 확대해봅니다. 머리가 물려 다리만 허공에 팔딱거립니다. 살려달라는 외침의 주인공은 개구리였습니다.

119를 불러? 경찰을 부를까. 멍한 상태에서 순간적으로 바보 같은 생각이 뇌리를 스쳐 갑니다. 마치 내가 물린 듯한 느낌이 듭니다. 아무런 행동도 못 하는 나는 너무 무기력합니다. 엊저녁 퇴근길에 울던 그 개구리가 아닐까. 개굴개굴. 이제 더 울 수도 없습니

다. 순식간에 일어난 일입니다. 적막감이 돕니다. 불쌍하고 미안합니다.

두루미는 언제 그랬느냐는 듯 시치미 딱 뗍니다. 뭐 저런 놈이 다 있습니까. 위선적입니다. 방금 일어난 일을 모르는 사람이 본다면, 고고하고 우아하다고 하겠습니다. 나는 봤습니다. 저놈이 한 야만적인 행동을. 채증도 해놨습니다. 자연의 법칙이니 적자생존이니 뭐니 하는 말들은 지금 내 머릿속에 없습니다.

개구리 다리는 길고 컸습니다. 아마도 어미 개구리가 아닌가 생각합니다. 새끼들은 저 논 어딘가에 놀고 있겠지요. 어미가 두루미의 밥이 된 줄 새까맣게 모릅니다. 어미를 찾아 헤매다가 밤이 되면 울겠지요. 개굴개굴. 저녁에 퇴근할 때 그 소리를 들어야 하니 이를 어찌합니까. 이미 제 몫을 할 만큼 큰 새끼들이면 좋겠습니다. 아직 젖먹이들이라면 어찌하나요.

외환위기로 인해 직장에서 쫓겨나거나 사업이 부도나서 어려움을 겪은 사람들이 많았습니다. 평생 쌓아놨던 명예를 한꺼번에 잃어버리고 절망하는 사람들은 방향을 잃고 거리를 떠돌았습니다. 나는 금융계통 직장인으로 치열하게 살았습니다. 그 분야가 제일 직격탄을 맞았습니다. 할아버지가 늘 하시던 말씀이 있었습니다. "어디서든지 절대 혼자 도망가지 마라." 말씀대로, 국가적 위기 극복을 위한 희생물이 됐습니다.

밖에서 자리가 없어지면 집에서도 마찬가지입니다. 가장 역할을 못 하는데 어찌 설 자리가 있겠습니까. 많은 수의 또래 친구들도 공원돌이가 되었습니다. 선하고 정직하게 조직을 위해 목숨 바쳐 일했습니다. 조직을 떠나고 나니, 그 조직에서의 모든 것은 아무런 의미가 없었습니다. 추억조차 부담스러웠습니다. 조직은 냉정했습니다. 사회는 더 냉정했습니다. 절망과 싸워 이기느냐 지느냐는 각자에게 달렸습니다.

두루미의 입에 걸린 개구리를 보자마자 남의 일이 아니라는 생각이 들었습니다. 약자의 편에 서야 한다는 본능 때문만은 아니었습니다. 개구리의 팔딱거리는 다리에 우리 세대의 아픔이 투영된 느낌이었습니다. 개구리의 몸짓은, 아무리 팔딱거려도 살아날 가망성이 없는 마지막 몸부림이었습니다. 가슴 아팠습니다. 끝내 늪에서 헤어나지 못하고 하늘로 간 동료들이 떠올랐습니다.

나는 팔딱거리며 절망과 싸워 이겼습니다. 또 다른 분야의 선두주자로 우뚝 섰습니다. 깜깜한 어둠을 뚫고 나와 보니, 여태껏 보지 못했던 새로운 세상이 열렸습니다. 발에 밟히는 풀꽃 하나 예사로 보이지 않았습니다. 즐겨 보던 '동물의 왕국'이란 프로도 끊었습니다. 좀 전에 본 개구리의 희생도 늘 일어나는 자연의 법칙이지만, 그냥 지나칠 수 없었습니다. 예전엔 몰랐던 힘든 이웃도 보였습니다. 극복할 수만 있다면 벼랑 끝에 매달려 보라고도 말하고 다니지만, 그게 얼마나 힘들고 고통스러운지 나는 너무나 잘 압니다.

개구리는 선합니다. 해충을 잡아먹습니다. 농사에 해를 끼치지도 않습니다. 그래도, 두루미에게 무자비하게 짓밟힙니다. 선하다고 보호받지는 못합니다. 늘 한가롭고 우아하게만 보이던 두루미도 생

존 전쟁에서는 예외가 없었습니다. 오늘 또 몇 마리의 개구리를 더 잡아먹을지도 모릅니다. 강자든 약자든, 정해진 자기 길을 갑니다. 출근길 논둑에서 인생살이의 한 토막을 봤습니다.

어둠이 내리면, 언제 그랬냐는 듯, 무논은 다시 개구리 울음소리로 뒤덮일 것입니다. 세상은 그렇습니다. 이제부터 내 귀에 들려 올 개구리 울음소리는 처절한 생존의 몸부림 소리로 다가올 것입니다.

개구리들아! 험한 세상 기어코 이겨내야 한다. 두루미가 호시탐탐 노리더라도 눈치껏 숨고 달아나야 한다. 아무도 도와주지 않는다. 힘들어도 절대 포기하면 안 된다. 한 번 잡히면 끝이야.

마음을 추스르고 다시 자전거를 탑니다. 자전거 바퀴에 아까 그 개구리가 매달리는 듯합니다. 외침이 들립니다.

"아저씨! 살려주세요!"

(2019. 5. 28)

강아지풀

고개 숙이는 사람이 존경스럽다. 고개 숙이는 사람은 낮은 사람이 아니다. 사람은 누구나 평등하기 때문이다.

길목을 지키고 있던 강아지풀이 일제히 고개 숙이고 나를 환영한다. 자전거 출근길에 고모동을 지나 논밭 사이로 접어든 참이다. 간밤에 내린 비로 인해 빗방울이 잎마다 송골송골 맺혔다. 뾰족한 강아지풀 머리카락에도 작은 빗방울이 맺혔다. 큰 집에는 큰 빗방울이 작은 집에는 작은 빗방울이 빼곡하게 맺혔다. 방울방울 빗방울 세상이다.

비 온 후 아침 길섶은 싱그럽다. 이름 모를 풀들은 생기를 가득 머금었다. 논둑 너머에는 벼가 영글며 고개를 숙이기 시작했다. 똑같은 높이로 한 논 가득 채운 벼들은 사이좋게 서로를 의지하고 섰다. 벼 잎사귀에도 빗방울이 쪼르르 맺혔다. 미끄러지듯 잎에 매달

린 빗방울은 작은 일렁임에도 떨어지며 또 다른 비가 된다.

오늘따라 길 가운데까지 나와 고개를 푹 숙이고 기다리는 강아지풀을 그냥 지나칠 수가 없다. 자전거를 세우고 쉬면서 사진을 찍는다. 자전거와 강아지풀은 궁합 좋은 모델이다. 강아지풀은 언제 어디서나 카메라를 들이대도 사진발이 좋다. 머리가 크지 않고 몸체가 가늘기 때문이다.

고개 숙이고 있는 강아지풀은 꼿꼿이 선 강아지풀보다 훨씬 모양이 난다. 자세를 낮추기 때문인지도 모른다. 비 온 후에는 90도로 숙인다. 빗방울 덕분이다. 몸을 낮추는 강아지풀이 존경스럽다. 아직도 나는 그리 못하기 때문이다. 나이가 들어가도 잘 안 된다. 뻣뻣한 허리는 딱딱한 고개를 떠받치고 있다. 잘 숙어지지 않는다.

오늘이 처서處暑다. 여름이 가고 더위가 누그러진다. 햇볕이 덜 따갑고 일교차가 커지면서 풀이 더 자라지 않는다. 사람들은 너도 나도 산소를 찾아 벌초하기 시작한다. 모기 입도 힘을 잃어 삐뚤어진다고 한다. 가을이 더 깊어가면서 탐스러운 강아지풀도 색이 누렇게 바랠 것이다. 세월이 흐르면서 싱싱함을 잃고 시들어진다.

내 인생의 처서는 벌써 한참이나 지났다. 갈수록 몸의 유연성은 떨어지고 정신은 흐려져 간다. 유연하고 탄력 좋은 강아지풀도 마르면 뻣뻣해지고 유연성이 떨어진다. 사람도 늙으면 마찬가지다.

노년의 겸손은 젊을 때보다 더욱 중요하다. 젊은이가 교만하고 건방지면 젊은 혈기 핑계로 대충 넘어간다. 늙어가면서 교만하고 내려놔야 한다. 과감하게 내려놓자.
비우면 겸손해지고 마음이 텅 빈다.
마음을 비우고 모든 걸 받아들이는 자세야말로
진정한 겸손이다.

건방지면 그 사람 인생 전체를 싸잡아 그렇게 판단해버린다. 탄력 잃어가는 고개는 운동을 열심히 해서 유지해야 한다. 힘을 빼고 기름을 쳐야 한다. 자주 숙여야 부드러워진다.

주위에 지인 중에는 과거에 구속되어 사는 사람이 많다. 은퇴하여 백수가 되고도 젊을 때의 영광과 권력과 명예를 놓지 못한다. 과거의 지위를 버리지 못하고 입만 열면 과거를 들먹인다. 말하는 사람은 즐거워하는지 몰라도 듣는 사람은 괴롭다. 이런 분들의 특징은 상대의 표정과 속마음을 읽지 못한다. 한마디로 눈치가 없다.

내려놔야 한다. 과감하게 내려놓자. 그리고 새로운 인생을 살자. 바야흐로 100세 시대다. 얼마든지 시간은 많다. 비우면 겸손해지고 마음이 텅 빈다. 빈 공간에는 새로운 것을 집어넣자. 고개를 숙이고 몸을 낮추는 물리적인 겸손도 중요하지만 그보다 더 중요한 것이 있다. **마음을 비우고 모든 걸 받아들이는 자세야말로 진정한 겸손이다.** 나는 이걸 말하고 싶다. 나 스스로도 실천하도록 노력하겠다.

말라비틀어지면 고개를 숙이려야 숙이지 못한다. 부러질 뿐이다. 세월이 더 흐르기 전에 자세를 낮추고 마음을 비우자. 과거는 강물에 흘려보내자. 그 자리에 새로운 꿈을 심자.

(2019. 8. 23)

지칭개와 화해하다

15년 전 겨울, 팔공산 북릉 산행을 하고 하산하는 길이었다. 기름져 보이는 넓은 밭에, 파릇파릇한 작은 식물이 점점이 보였다. 냉이가 틀림없다는 생각에 나도 모르게 밭으로 들어갔다. 사실 그때까지 스스로 냉이를 뜯어본 적이 한 번도 없었다. 무심코 반찬으로만 먹었으며, 그림으로만 보았었다. 그림과 비슷한 작고 앙증맞은 식물이 흙을 뚫고 올라와 밭 곳곳에 납작하게 붙어 있었다. 배낭에서 칼을 꺼내 흙을 파고 뿌리째 캤다. 금세 봉지가 가득해졌다.

생전 처음 내 손으로 냉이를 뜯어 담은 배낭이 묵직하니, 집으로 돌아오는 발걸음이 가벼웠다. 식구들이 오기 전에 맛있는 냉이 된장찌개를 만들 생각을 하니 마음이 설레었다. 된장을 풀고 멸치와 다시마를 넣고 기분 좋게 불을 지폈다. 보글보글 끓는 소리가 미각을 자극하였다. 어느 정도 다 됐다는 생각으로 뚜껑을 열어 보고는

깜짝 놀랐다. 찌개 색깔이 시커멓게 변해있었다. 맛이 쓰고 먹을 수가 없었다. 순간적으로 뭔가 잘못됐다는 생각이 들었다.

식물 박사로 통하는 지인에게 전화를 걸어서 자초지종을 이야기하였다. 갑자기 전화기 너머로 지인이 깔깔깔 크게 웃으면서 나를 놀려대었다. 내가 뜯은 것은 냉이가 아니라 지칭개라는 식물이란다. 냉이와 워낙 비슷하게 생겨서 처음 보는 사람들은 구분을 잘 못 한다는 거다. 찌개를 싱크대에 부어버리고 지칭개를 내다 버렸다. 식구들이 오기 전이라 얼마나 다행이었는지 지금 생각해도 헛웃음이 나온다.

지칭개라는 식물과 첫 만남은 이렇게 시작됐다. 그러고 보니, 논이면 논, 밭이면 밭엔 죄다 지칭개만 있는 것처럼 보였다. 세상엔 지칭개가 많기도 하였다. 지금도 다른 식물 이름은 가끔 잊어버려도 지칭개는 절대 잊히지 않는다. 안 좋은 추억이 있다고 해야 하나. 이제는 눈이 밝아져서 냉이와 지칭개를 구분 못 하는 경우는 없다. 냉이는 지칭개보다 몸체가 가늘고 잎도 작다. 색깔도 차이가 난다.

그 이후부터 지칭개는 거들떠보지도 않았다. 내 마음 상자 밖에서 겉돌아 다니는 식물이 되었다. 어릴 적 소 풀 베러 다닐 때, 소가 먹으면 설사를 하는 풀이 있었는데, 지칭개를 보면 그런 풀들이 떠올랐다. 식물과의 교감과 소통은 어릴 적 소 먹일 때 이미 자리 잡았다고 생각된다. 말도 못 하고 움직일 수도 없는 식물이지만, 인간과 소통이 되고 안 되고의 차이는 분명히 있다. 인간에게 이득을

주는 좋은 식물이 있는 반면에 해를 끼치는 독초도 있다.

지칭개도 꽃을 피우는데, 흡사 엉겅퀴와 닮았다. 엉겅퀴꽃보다는 색이 훨씬 연하고 꽃 몸체가 작다. 엉겅퀴는 쉽게 눈에 띄지 않지만 지칭개는 주변에 아주 흔한 게 다르다. 그동안은 지칭개와의 안 좋은 추억 때문에 꽃마저 거들떠보지도 않았다. 길섶에 너무 흔하기 때문이기도 하였다. 이쁘게 보이지도 않았다. 다만, 그리 작고 앙증맞은 식물도 때가 되면 저렇게 꽃을 피우는구나 하고 생각했을 뿐이었다.

오늘 아침 자전거 출근길에서 만난 지칭개는, 이런 내 마음을 뒤흔들어 놓았다. 못 둑 언저리에 자리 잡은 지칭개가 햇살을 받아 너무 청초하고 아름답게 다가왔다. 전에 없이 꽃도 이쁘게 보이고, 나비도 몇 마리 앉았다. 지칭개꽃에 언제 나비도 찾아들었던가 하는 생각이 들며, 내가 저 꽃들과 처음 만나듯 새삼스럽게 보였다. 자전거를 세우고 이리저리 사진을 찍었다. 지칭개가 나의 사진 모델이 된 건 실로 15년 만이었다. 감격스러우면서도 미안했다.

논둑과 길섶에 지천으로 깔렸을 때는 보이지 않던 아름다움이었다. 못 둑이라는 명당자리에 앉아서 그런가, 햇살을 곱게 받아서 그런가. 그 어떤 꽃보다도 돋보이는 청초한 자태였다. 초록색 둑에 연분홍 꽃 몸체들이 가지런하게 정렬되어 있었다. 자리가 인물을 만든다는 말이 떠올랐다. 사람도 어떤 자리에 있느냐에 따라 달리 보이듯이, 꽃도 어떤 자리에 피었느냐에 따라 이미지가 달라진다.

지칭개를 뒤로하고 다시 자전거에 올랐다. 마음에 잔잔한 파도

가 일었다. 관점을 달리해보면 이 세상 어느 꽃도 이쁘지 않은 꽃이 없다는 생각이 들었다. 장점을 보느냐 단점을 보느냐에 따라 달리 보일 뿐이리라. 사람을 보는 관점도 마찬가지고, 더 나아가 세상을 보는 눈도 마찬가지가 아닐까. 어떤 사람을 사랑하게 되면 그 사람의 어떤 것도 다 좋아 보일 테고, 미워하면 그 반대일 테지. 그 사람을 좋아하면 그 사람의 글도 좋아진다.

자연은 나의 영원한 스승이라는 걸 다시금 깨달았다. 지칭개는 변신한 게 아니고 그 모습 그대로인데, 지칭개에게 15년 동안이나 꽉 닫혀 있던 내 마음이 열렸다. 살아오면서 지칭개처럼 대했던 사람이 없었던가 되돌아본다. 첫인상이 안 좋다고 선입관을 가지고 대하지는 않았는지 반성한다. 지칭개 어린 순을 끓는 물에 데쳐 쓴 맛을 우려내면, 나물로도 먹을 수 있다는 사실도 이제야 알았다.

연분홍빛 내 마음속에 나비 한 마리 나풀거린다. (2019. 6. 3)

개망초의 재발견

나라가 망할 때 많이 피었다고 해서 '망초'라고 이름 붙여진 식물이 있다. 밭을 망쳐놓을 만큼 많이 난다고 해서 '망초'라고 불렸다고도 한다. 어떤 식물은 듣기 좋고 부르기 좋은 아름다운 이름을 가졌는데, 운이 나쁜지 팔자가 사나운지 '망초'라는 명찰을 달았다. 농사가 주업이던 시절, 밭에 풀을 매기가 얼마나 힘이 들었으면 이런 이름을 붙였을까 생각하니 짠하다.

선조들의 식물 이름 짓기는 재치 있고 기발하다. 보통 식물 이름 앞에 '개' 자가 들어가면 상대적으로 볼품없다는 뜻으로 통한다. 우리와 매우 친근한 동물인 개를 끌어다가 하필이면 볼품없고 모자란다는 뜻으로 썼는지 의아하다.

'망초'라는 이름만으로도 저주받은 느낌인데, 거기다가 '개망초'도 있다. 엎친 데 덮친 격이다. 개망초가 망초보다 꽃이 훨씬 예쁜

데 말이다. 덩치가 훨씬 큰 망초가 명찰을 먼저 낚아채지 않았나 생각한다. 망초가 개망초보다 훨씬 크고 줄기도 굵다. 망초 하나를 두 손으로 뽑아도 잘 뽑히지 않을 만큼 단단하게 밭에 박혔다.

자전거 출근길에 늘 쉬어가는 장소가 있다. 오른쪽엔 복숭아밭이고 왼쪽엔 다랑논이다. 사시사철 아름다운 풍광을 뽐내는 고갯길이다. 내 마음속의 천국이다. 각박한 세상살이에 시달리다가도 여기만 오면 마음이 편안해진다. 꼬부랑 논둑은 언제 봐도 정겨운 모습이었다. 어느 날 투자자에게 다랑논이 팔리고 나서부터는, 사시사철 생동감 있고 아름답던 모습은 사라지고 벌써 몇 년째 방치되고 있다.

농사를 짓지 않고 방치된 다랑논에 물이 말라버리고 새로운 주인이 정착했다. 바로 망초와 개망초다. 한 뼘의 빈틈도 없이 빼곡하게 뒤덮였다. 거름이나 물을 안 주는데도 알아서 잘 큰다. 옛날 농경시대에는 보이는 족족 뿌리째 뽑혀 나갔던 신세였던 애물단지가, 시대가 바뀌니 천국을 만났다.

요즈음은 개망초가 하얀 꽃을 피워 다랑논이 온통 뽀얗게 화장을 했다. 벼가 익어가야 할 자리에 꽃으로 화장을 하고 있으니, 선조들께서 보셨으면 펄쩍 뛸 노릇이다. 벼도 안 키우고 편안하게 노는 다랑논 팔자가 좋아졌다고 해야 하나.

투자가에게 넘어간 뒤에는 농사도 안 지어 못 마땅히 여겼는데, 오늘 아침에 본 풍광은 내 마음을 들뜨게 하였다. 그야말로 개망초 꽃밭이 만들어졌다. 코스모스나 유채꽃 단지를 일부러 조성하여 사진들 찍고 난리던데, 개망초 군락지는 왜 거들떠보지도 않는가. 작고 앙증맞은 흰 꽃들로 오롯이 뒤덮인 다랑논도 그에 못지않았다. 열린 마음으로 보니 너무 아름다웠다.

개망초는 길섶에 워낙 많이 눈에 띄는 흔하디흔한 꽃이라 아무도 안 봐준다. 못난 이름이나마 아는 사람도 별로 없다. 그저 홀로 피었다가 홀로 외롭게 지고 만다. 벚꽃이 피었다가 질 때면 모든 사람이 아쉬워하지만, 이깟 개망초꽃이 졌다고 아무도 아쉬워하지 않는다.

언제였던가, 누가 찍은 꽃 사진을 보고 깜짝 놀란 적이 있었다. 사진 속에 너무 예쁜 꽃이 있었다. 그 주인공이 바로 개망초였다.

작고 흔한 꽃이 사진 속에서 어떻게 이리도 빛이 날까. 그 이후부터 개망초꽃 사진을 찍는 걸 좋아했다. 볼품없는 흰 꽃은 사진 속에서 화려하게 부활했다. 꽃이 작은 덕분에 사진발은 기가 막히게 잘 받는다.

사진을 찍어 놓으면 흡사 계란 프라이를 닮아 '계란꽃'이라 부르기도 한다. 아마도 개망초라는 이름에 거부감을 느낀 어떤 사람이 지어냈으리라. 노란 꽃 몸체에 흰 꽃이 동그랗게 둘려있다. 아주 잘 어울리는 조합이다. 군더더기 없는 꽃이 청초하고 깨끗하다.

개망초!

오랜 세월 사람들의 무시와 따돌림을 견뎌내고 카메라 앞에 당당히 섰다.

(2019. 6. 27)

반쪽만 남은 사랑도

우리나라 자전거 종주길 그랜드슬램을 달성하고 두 달이 지났다. 마지막으로 다녀온 제주도 일주도로의 환상적인 감흥도 점점 옅어지고 있다. 가슴을 뜨겁게 달구었던 목표가 없어지고 나니 마음이 처지고 몸도 무거워진다. 희망이 없어지고 의욕도 상실된다. 이러면 안 된다는 생각에 마음을 다잡아 본다. 인생의 종착역으로 가기에는 아직도 너무 많은 여정이 남았다. 꿈을 잃지 말자.

섬으로 가자. 제주도에서의 감동을 남해안의 섬에서 느껴보고 싶다. 인터넷을 뒤져서 자전거로 한 바퀴 돌 수 있는 섬을 찾으니 사량도가 적격이다. 나는 항상 즉흥적으로 계획을 짜고, 마음먹으면 바로 행동한다. 그러다 보니 시행착오를 겪기도 하고 돌발 상황을 맞기도 한다. 등산하러 갈 때나 자전거 종주를 떠날 때나 늘 반복되는 일상이 되어버렸다. 이제는 오히려 미지의 장소에서 발생하

는 예측 불가의 상황을 즐긴다.

대구 서부정류장에서 출발한 버스는 경남 고성군 시외버스터미널에 덜렁 내려주고 멀어진다. 황량하게 느껴지는 시골 터미널에 자전거만 덩그러니 섰다. 외로움이 밀려온다. 어디에 가거나 느끼지만, 요즘은 더 그렇다. 나이가 들어가는 속도가 빨라진다는 조짐인가. 주말인데도 가끔 들어왔다 빠져나가는 버스마다 텅 비었다. 우리나라 경제가 버스 빈자리만큼 가늠된다. 여기까지 와서 오지랖 넓은 상념에 빠진 나도 가관이다.

시외버스 짐칸에는 자전거를 실을 수 있지만 시내버스에는 못 싣는다. 사량도로 가는 여객선 선착장이 있는 가오치까지 20㎞가 넘는다. 자전거로 갈 수밖에 없다. 4차선 국도로 접어드니 트럭들이 쌩쌩 달린다. 갓길이 없어 위험천만이지만 다른 방도가 없다. 자전거를 무시하는 운전자들의 심리를 잘 알기에 조심조심 방어 운전한다. 오늘은 어쩐지 출발부터 아찔하다.

아니나 다를까, 가오치 선착장에서 사량도행 여객선 출발시간이 12시가 아니고 오후 1시란다. 아까운 시간을 1시간 30분이나 허비한다. 급히 달려온 대가는 기다림밖에 없다. 한 무리 단체 관광객들의 소란스러운 고함도 더한다. 뱃고동 소리조차 묻힐 지경이다. 밖에 나오면 꼭 저리 떠들어야 직성이 풀리나. 개중에 한 남자의 목청은 아직도 귀에 쟁쟁하다. 돼지 멱따는 소리 같은.

사량도에서 자전거를 내리자마자, 사량대교로 한걸음에 내달린다. 상도上島와 하도下島를 다리로 이어 하나의 섬으로 통일했다. 우리나라도 남과 북을 이리 간단하게 통일할 수 있다면 얼마나 좋을까. 하도를 시계 반대 방향으로 달린다. 제주도에서 느꼈던 정취가 되살아난다. 몇 집 안 되는 마을들이 옹기종기 모여 앉아 나그네를 반긴다. 사람들은 다 어디 갔나. 빨간 지붕만이 반긴다. 집마다 마당은 시멘트로 발라 놨다. 흙이나 잔디를 입히지 않은 이유가 있겠지.

말이 섬이지 섬 자체가 온통 산이다. 그러다 보니 고갯길을 자주 만난다. 낮은 고갯길을 제외하고는 자전거를 끌고 넘어간다. 가파른 오르막에서도 고집스레 타고 가면 힘이 다 빠진다. 고집을 내려놓으면 마음도 편해진다. 내리막길은 언제나 시원하고 즐겁다. 힘든 길이 있으면 쉬운 길이 있다. 인생길이 그렇다.

하도下島 마지막 오르막길은 거의 등산 수준이다. 정상까지 올라갔다가 내려간다. 자전거를 끌고 가는데도 땀이 콩죽같이 난다. 아래위 옷이 다 젖었다. 저 너머 남해는 온통 양식장이 도배했다. 군데군데 낚싯배들이 꼼짝도 하지 않고 섰다. 낚시꾼들은 무엇을 생각하고 있을까. 바다 위에 펼쳐진 한가로운 풍경이 이국적이다. 우리나라에도 이리 아름다운 곳이 많다. 수려하고 살기 좋은 우리나라, 앞으로도 제발 아무 일 없기를 바란다. 자유와 평화는 영원히 지켜져야 한다.

다시 상도上島의 사량면 소재지로 돌아온다. 늦은 점심을 먹고 소주 한 잔 먹으니 노곤해진다. 빈속에 아침부터 긴장한 탓이리라. 덕분에 계획에 차질이 생긴다. 상도上島도 한 바퀴 돌아야 하는데, 이미 힘이 빠져버렸다. 중간쯤 가다가 다시 돌아 나온다. 마음도 지친

다. 의욕도 사라진다. 1박을 하려던 계획도 수정한다. 가오치로 나가는 마지막 표를 산다.

자전거 종주 그랜드슬램이란 목표를 달성하고 나서 첫 여행이다. 목표가 사라진 여정은 실행도 확실하지 않다. 계획은 언제든지 수정되고, 마음도 수시로 뒤바뀐다. 그 멀리까지 가서 겨우 반쪽만 채우고 만다. 돌아오는 여객선 갑판 위에서 건너다본 사량도는 반쪽만 남아서 안타깝게 손짓한다.

가오치에서 고성으로 되돌아오는 도로변에 옥수수 좌판대가 쫙 깔렸다. 옥수수 한 보따리 사서 배낭에 넣었지만 마음의 허허로움은 채워지지 않는다.

꿈을 잃어버렸나. (2019. 7. 13)

꿈 찾아가는 길

허름한 식당을 찾고 있다.

한적한 시골 동네 뒷골목이면 더욱 좋다. 빨간 대포와 빨간 된장찌개가 붙은 곰보유리 위에 낡은 간판이 겨우 매달려 있어야 한다. 미닫이문은 삐걱거리며 겨우 열려야 한다. 젓가락 홈이 송송 파인 나무 탁자 하나와 긴 나무 의자 두 개가 있어야 한다. 색 바랜 벽에는 한지 메뉴판이 삐딱하게 붙어 있어야 한다.

주인은 허름한 할매라야 한다.

잡히는 대로 아무거나 섞어 주물러도 감칠맛 나는, 세월 묻은 투박한 손을 가진 할매라야 한다. 이마엔 깊이 팬 주름 몇 줄이 있고 눈꺼풀은 두툼하고 눈꼬리는 아래로 비스듬히 처져 늘 웃음기 머금어야 한다. 빨간 연지 아물따나 찍어 바른 뭉텅한 입술로 진한 농담 잘 받아주는 입담 걸쭉한 할매라야 한다. 욕을 제법 섞어도

밉거나 상스럽지 않은 할매라야 한다. 울적할 때 혼자 가면 쭈그러진 주전자로 쭈그러진 잔에 대포 한 잔 따라 주며 위로할 줄 아는 할매라야 한다. 취기 올라 노래 한 소절 부르면 젓가락 장단 잘 맞춰주는 할매라야 한다. 중심을 잃고 방황하는 청춘을 조건 없이 보듬어주는 할매라야 한다. 허황한 꿈일지라도 진지하게 들어주는 할매라야 한다. 주머니 사정이 궁하면 장부 없는 외상도 마다하지 않는 할매라야 한다.

할매가 그립다. 그런 식당이 그립다. 거기에 내 청춘과 꿈이 그대로 남아 있을 것 같아서다. 멀리 자전거 여행을 떠나 하루를 묵을 때는 습관적으로 재래시장을 찾는다. 허름한 할매가 운영하는 허름한 식당을 찾기 위해서다. 읍 단위 시골장은 그리 넓지 않아서 몇 바퀴만 휙 돌아봐도 대충 그림이 나온다. 오일장이 아닐 때는 그야말로 조용하다. 낯선 나그네가 자전거를 타고 뱅글뱅글 돌면 토박이 시장 사람들이 뒤에서 수군거릴 때도 있다. 험한 세상에 혹시나 어디서 굴러들어 온 날도둑놈이나 아닐까 하고.

울진 재래시장에서도 그랬다. 점포마다 가오리와 오징어가 대표선수로 한가로이 내걸려있는 시장 골목을 다섯 바퀴는 돌았다. 시장 사람들에게 눈치 보일까 봐 만만한 빵 몇 개 사서 자전거에 대롱대롱 매달고 몇 바퀴 더 돌았다. 아무리 돌아보아도 마음 내키는 비슷한 식당이 없었다. 어두워지면서 배고프고 지쳐버렸다. 아무 식당에나 들어가서 육개장으로 아쉬움을 달랬다. 허름하지

할매가 그립다. 그런 식당이 그립다.
거기에 내 청춘과 꿈이 그대로 남아 있을 것 같아서다.
멀리 자전거 여행을 떠나 하루를 묵을 때는
습관적으로 재래시장을 찾는다.
허름한 할매가 운영하는 허름한 식당을 찾기 위해서다.

도 않고 할매도 없었지만 허탈하지만은 않았다. 꿈을 찾는 과정에서의 희망이 가져다주는 소박한 행복감이 있었다. 거기에 제일 큰 의미가 있다.

요즘 식당은 대부분 말끔하고 깨끗하다. 재래시장도 현대화되어 자그맣고 이쁘장한 간판들이 앙증맞게 쪼르르 붙었다. 할매는 있지만, 나의 할매는 없다. 이해타산에 밝은 세련된 할매가 있을 뿐이다. 보기 좋은 떡이 먹기도 좋다고 음식 색깔도 가지각색이다. 화려한 음식인 만큼 정情도 듬뿍 담겼는지는 모를 일이다. 꼬깃꼬깃 코 묻은 돈 내는 사람 없어진 지 오래다. 계산도 카드로 한다. 자그마한 기계에 쓱싹 긁으면 된다. 외상은 꿈도 못 꾼다.

스마트폰 하나면 어디에 가든 맛집을 검색할 수 있다. 독도까지 짜장면을 배달한다는 광고가 있을 정도다. 편리하면 편리할수록 인간 본연의 정情은 메말라 간다. 자전거를 타고 전국 어디에 가도 순박한 인심은 찾기 힘들다. 섬진강 화개장터도 이미 조영남의 화개장터가 아니더라.

그래도 나는 찾아 나선다. 미련의 끈을 놓지 않는다. 남들은 외제차 타고 유명 맛집을 찾아다니는 세상에, 허름한 자전거 타고 허름한 할매 식당을 고집한다고 흉봐도 좋다.

세상은 꿈을 이루어 나가도록 지켜주지만은 않았다. 꿈 따로 현실 따로였다. 눈 깜빡할 새 중장년을 넘어 노년의 문턱에 섰다. 거칠고 모진 세파에 휩쓸려 왔다. 그러나 가슴속 깊이 묻혀 있었던 내 청춘의 꿈까지 빼어가지는 못했다. 허름한 할매 식당으로 상징

되는 내 젊은 날의 꿈은 아직도 내 마음속에 살아있다.

다음 여정에서도 두 바퀴에 희망을 싣고 떠날 것이다. 나의 청춘 나의 꿈이 남아 있는 그곳으로.

(2019. 2. 25)

혼자 웃습니다

3월의 마지막 주말입니다. 자전거 타기 좋은 계절입니다. 이맘때 가장 인기 있는 코스는 섬진강입니다. 강 따라 벚꽃이 흐드러지게 피기 때문입니다. 섬진강 종주를 하려고 나섰습니다. 시외버스에 자전거를 싣고 먼 길을 돌고 돌아 전북 강진에 있는 섬진강댐에 섰습니다. 이미 저녁 시간입니다. 어두워지면 민박을 할 예정입니다. 사전에 세워 둔 계획은 없습니다. 사람 사는 곳이니 이 한 몸 눕힐 곳은 있을 겁니다. 무모할 정도로 즉흥적으로 다닙니다. 그러는 것이 더 즐겁습니다. 예측하지 못한 사건도 벌어지니까요. 이야깃거리가 만들어집니다. 오롯이 혼자 달립니다. 그럴수록 추억은 더 깊어집니다. 출발선에서 심호흡합니다. 자전거에 몸을 싣고 둑길을 따라 내립니다. 길이 잘 다듬어졌습니다. 언제나 첫 출발은 가슴을 두근거리게 합니다. 미지의 자연을 떨리는 가슴으로 안으려 합니다.

명색이 강인데도 도랑물 같은 냇물이 졸졸 흐릅니다. 상류이기 때문입니다. 아직은 강이라 하기에는 조금 쑥스럽습니다. 어릴 적 뛰놀던 시냇가 같습니다. 자전거를 세워 두고 뛰어들어 고기를 잡고 싶은 충동이 일어납니다. 이런 맛에 섬진강 섬진강 하는 것 같습니다. 4대강에 다 있는 보洑 하나 없는 강입니다. 4대강이 잘 다듬어진 정원이라면 섬진강은 화장기 하나 없는 산골 소녀입니다. 자전거는 산과 산 사이를 돌아갑니다. 편안합니다. 굽이굽이 휘감아 돌면서 깊어졌다 얕아졌다 좁아졌다 넓어졌다 합니다. 이름 모를 새들이 강 가운데서 먹이를 찾습니다. 그러다 배부르면 물 위로 솟은 작은 바위에 앉아 쉽니다. 작은 바위는 군데군데 솟았습니다. 어느 곳은 촘촘하여 징검다리 같습니다. 갈대가 숲을 이루는 곳도 있습니다. 강버들이 벌써 연초록으로 변해갑니다. 동물과 식물과 인간이 강을 끼고 사이좋게 공생합니다. 이곳에서는 누구나 시인이 될 수밖에 없습니다.

경치에 취하고 상념에 젖습니다. 나를 고기잡이 초등학생으로 돌아가게 합니다. 그래도 길 잃을 염려는 없습니다. 쭉 뻗은 외길이기 때문입니다. 달리고 달립니다. 섬진강 시인 김용택 님이 생각나던 찰나 이미 시인의 동네에 와 있는 나를 발견합니다. 마을 앞 길섶에 고동색 간판이 시야에 들어왔습니다. 오른쪽에는 수령이 오래된 커다란 당수나무가 수호신처럼 마을을 지켜줍니다. 뒤에는 산이 병풍처럼 둘러치고 앞으로는 섬진강을 낀 아담한 마을입니다. 어둑

해지는 시간이지만 내 발길은 자연스럽게 마을로 들어서고 있습니다. 굳이 찾을 필요도 없습니다. 마을 앞쪽 가운데에 깨끗한 기와집 한 채가 시인의 집입니다. 대문도 없습니다. 자전거를 마당에 들여 세웠습니다. 수고한 자전거를 담벼락에 세워 둘 수는 없잖아요.

"선생님 계신기요?"

명패만 덩그러니 빈집임을 짐작하면서도 나도 모르게 헛인사를 합니다. 나는 명색이 양반입니다. 가운데 대청마루가 있고 우측에 책이 가득한 방이 있습니다. 자그마한 앉은뱅이책상에 방명록이 있습니다. '좋은 시詩 써 주셔서 고맙습니다.'라고 씁니다. 나는 김용택 시인의 시를 좋아합니다. 자연스럽고 서정적인 표현은 우리 같은 보통 사람이 읽기 좋기 때문입니다. 요즘 어려운 시들은 이해도 안 되고 그들만의 리그 같아서 싫습니다. 방 안의 책들은 햇살을 받아 변색이 되었습니다. 그래도 지금 시인이 방 안에서 시를 쓰고 있는 듯한 분위기입니다. 시인의 체취가 가득 묻어납니다.

시인의 집 담벼락에 아낙네 둘이서 맨땅에 앉아 나물을 다듬고 있습니다. 나는 시인의 거취를 물어보려고 하다가 그만둡니다. 시인은 지금 어디에 살고 있을까. 시인을 직접 만나게 되면 더 좋을까. 실물을 보게 되면? 그렇습니다. 보지 않는 것이 더 좋을 거라는 생각이 듭니다. 시詩로 보는 것이 바로 시인을 만나는 것이라는 생각이 듭니다. 실물을 보면 혹시나 여태 간직하고 있던 아름다운 시

"선생님 계신기요?"
가운데 대청마루가 있고 우측에 책이 가득한 방이 있습니다.
자그마한 앉은뱅이책상에 방명록이 있습니다.
'좋은 詩 써 주셔서 고맙습니다.'라고 씁니다.
나는 김용택 시인의 시를 좋아합니다.

의 이미지와는 다른 선입견이 들 것이란 생각이 듭니다. 아름다운 시를 아름답게 읽었으면 이미 나는 시인을 본 것입니다.

밖으로 나왔습니다. 다시 어둠이 깔리는 강 따라 페달링합니다. 길섶에 시인의 시가 새겨진 시비가 세워져 있습니다. 아담하고 동그란 미소를 머금었습니다. 아! 시인은 여기서 나그네를 기다린 것입니다. 자전거를 세웁니다. 천천히 읽으며 음미해 봅니다.

길을 걷다가
문득
그대 향기 스칩니다
뒤를 돌아다 봅니다
꽃도 그대도 없습니다
혼자
웃습니다

어둡기 전에 다시 갈 길을 재촉합니다. 혼자 웃습니다!

(2019. 4. 1)

서리

차가운 서리를 온몸으로 맞은 풀이 자전거를 세운다. 출근이 조금 늦어지더라도 그냥 지나칠 수는 없다. 수분을 덜어낸 길쭉하고 매끄러운 잎사귀는 서리를 맞고도 의연하다. 이불도 없이 맨몸으로 밤을 새웠지만 아침이 있기에 견뎌냈다. 하얀 분을 바른 얼굴은 성스럽고 처연하다. 이 모든 것이 아름답다.

보아하니 여름의 주인공 금계국이다. 늦봄부터 길섶에 도열하여 노란 꽃을 피운다. 우리나라 토종이 아니지만 뚝심과 맷집을 인정받고 널리 퍼졌다. 조경을 위해 전국에 인위적으로 심었기 때문이다. 말하자면, 유학 온 꽃으로 일가를 형성했다. 흰 꽃인 '마가렛'과 함께 성공적으로 정착한 사례다. 바야흐로 꽃도 다문화 세상이다.

해가 뜨면 햇빛으로 세수하고 맨 얼굴로 하루를 보낸다. 따뜻한 햇살과 시원한 바람으로 원기를 보충한다. 오는 사람 가는 사람 구

경하는 재미도 쏠쏠하다. 몸과 마음을 가다듬은 금계국은 다시 추운 밤을 견딘다. 그렇게 겨울을 보낸다. 봄이 오면 서서히 몸을 키우고 꽃을 피울 준비를 한다.

풀꽃은 서리로 맷집을 키운다. 수도 없이 맞으면서 단단해진다. 눈과 바람을 견뎌내고 난 뒤에야 비로소 꽃을 피운다. 겨울을 견디는 힘의 원천은 희망이다. 봄이 올 것이라는 희망이다. 예쁜 꽃을 피울 것이라는 희망이다. 강렬한 희망은 좌절하는 것을 용서하지 않는다. 자연은 흔들리지 않는 심지가 있다. 얄팍하지 않다.

꽃이 피면 벌과 나비가 날아든다. 고난을 견딘 선물이다. 명예와 영광은 하늘에서 뚝 떨어지는 것이 아니다. 아름다운 꽃의 이면에는 긴 겨울을 견딘 맷집이 있다. 사람들은 그저 꽃만 보고 예쁘다고 한다. 이면을 바라볼 줄 모른다. 성공의 뒷모습에는 틀림없이 고난의 세월이 있다.

문명의 이기로 세상은 편리해졌다. 편안함에 길든 젊은이들은 쉽게 성공하기를 바란다. 피나는 노력도 없이 요행수를 믿는다. 뜻대로 안 되면 쉽게 좌절한다. 스스로에게 원인을 찾지 않고 남을 원망하고 세상을 원망한다. 철저한 준비도 없이 좋은 결과만 바란다.

경북고등학교 출신의 반수생이 수능 만점을 받았다. 서울 소재 대학의 의학도란다. 서울대학교로 진학할 목적이었다고 한다. 더 높은 곳을 향해 도전하는 용기가 가상하다. 타고난 머리가 좋다고 할 수도 있다. 하지만 분명한 것은 치열한 노력의 산물이란 것이다. 흔들리지 않는 목표가 있었기에 가능하다. 꿈이 있기에 과정의 고

통과 어려움을 극복한 것이 아닐까.

고난을 극복한 세상은 아름답다. 러시아의 대문호 톨스토이는 '안나 카레니나'라는 유명한 소설에서 '죽음을 향해 달려가는 인간이 살아가는 이유는, 힘들고 어려운 순간을 극복하고 난 후에 얻는 슈퍼 기쁨'이라고 생의 의미를 짚었다. 고난을 이기지 못하고 좌절하면 아름다운 세상을 보는 기쁨을 느끼지 못한다.

풀꽃의 세계에서 '서리'는 고난의 상징이다. 그러나 서리를 잘 견디면, 오히려 따뜻한 이불이 된다.

(2019. 12. 6)

자전거로 가는 시간여행

강물은 천 리 길을 돌고 돌아 드디어 바다와 만납니다. 낙동강 하구언입니다. 강과 바다가 만나서 밀고 당기면서 자연스럽게 커다란 섬이 생겼습니다. 을숙도입니다. 억새가 숲을 이루고 철새가 찾아드는 아름다운 곳입니다. 청춘남녀들도 철새처럼 즐겨 찾는 데이트 코스입니다. 사계절 아름다운 풍광을 자랑하는 이곳에 자리한 동네가 부산광역시 하단동下端洞입니다. 낙동강의 끝에 위치하여 '아래치' 또는 '끝치'라 부르기도 해서 하단下端으로 불리게 되었습니다. 뒤로는 승학산이 병풍처럼 둘러쳐져 아늑함을 더합니다. 33년 전에 나는 이곳에서 살았습니다. 신혼생활이었습니다. 서대신동 단칸방에서 잠시 살다가 철새처럼 낙동강 끝자락으로 흘러들어 왔습니다. 이 동네에서 살았던 3년여 짧았던 기간에 두 번이나 근처로 뱅글뱅글 이사를 했습니다. 한자리에 앉아 있지 못하는 철새처럼 말입니다. 한 집은 권리관계가 복잡했고 또 한 집은 주인이 집을 팔아버렸기 때문입니다. 아들의 돌을 치렀고 딸이 태어난 동네입니다.

언젠가 주민등록초본을 떼 본 딸이 이런 말을 하더군요. “아빠! 나 오늘 초본 떼보고 억수로 신기했데이. 이사를 하도 많이 댕겨서 세 장씩이나 되데.” 그렇습니다. 우리는 그 이후에도 직장 따라 울산으로 대구로 이 집에서 저 집으로 이사를 했습니다. 철새들이 날아드는 동네에서 신혼을 보냈다는 것과 묘하게 연관 지어집니다. 세월은 흘러 지금에 이르렀습니다. 열 번씩이나 이사를 한 도시와 동네를 추억할 때면 제일 먼저 떠오르는 동네가 바로 부산 하단동입니다. 그곳에 내 팔딱팔딱 뛰는 젊음이 있었습니다. 용솟음치는 꿈과 희망이 있었습니다.

안동댐에서 낙동강 하구언까지 400㎞의 자전거 종주길이 있습니다. 지난여름 나도 도전했습니다. 안동에서 강정고령보까지 1박 2일로 종주하고 난 2주 후에, 대구에서 하구언까지 1박 2일 일정을 시작했습니다. 새벽에 자전거를 타고 집을 나섰습니다. 지하철에 자전거를 싣고 대구 강창역에 내려 출발선인 강정고령보에 섰습니다. 표현할 수 없는 뭔가가 가슴을 두근거리게 하였습니다. 가보지 않았던 길을 간다는 설렘이었습니다. 일상을 탈출하는 데 따른 기대감이었습니다. 계획되지 않았던 돌출사건에 대한 두려움도 있었습니다. 그러나 나에겐 다른 종주자들에게 없는 또 다른 설렘이 있었습니다.

달성보에서 바로 내려가야 하는 걸 모르고 다리를 건너버렸습니다. 자전거 길은 현풍 쪽인데 고령 쪽 둔치로 잘못 가버린 것입니다. 깨달았을 땐 너무 멀리 가버린 잘못된 길이었습니다. 돌아오기 귀찮아서 그대로 갔습니다. 산길을 넘게 되고 험한 길도 만나게 되었습니다. 길을 잘못 들면 모진 고생을 해야 하는 인생길과 같았습니다. 그 길도 틀림없이 길은 길이었습니다. 하지만 험한 길로만 찾아다니는 마니아들이 즐겨 다니는 자전거 종주길이었습니다. 가슴속에 묵직한 설렘을 담고 달리다 보니 쉬운 길을 놓쳤습니다. 어쩌면 이런 돌출사건을 오히려 즐기는 면도 있습니다. 나는 어디로 떠날 때 늘 준비가 허술합니다. 즉흥적이기도 합니다. 너무 완벽하게 준비하고 너무 매끄럽게 진행되는 걸 좋아하지 않습니다. 준비 소홀로 인해 어딘가에 틈이 있어서 가다가 실수도 하고 사건도 만듭니다. 일상을 탈출하러 가는데 오히려 일상같이 빈틈없이 진행된다면 그게 어디 일탈이겠냐, 그럼 무슨 재미로 다니느냐, 이런 생각입니다.

창녕군 남지읍 인근 시골 동네 민박집에 당도하니 어둠이 내리깔렸습니다. 덩그런 독채에 나 홀로였습니다. 밤새 뒤치락거리다 새벽에 출발하였습니다. 남지읍을 휘감아 도는 자전거 종주길에는 아름다운 여름꽃들이 이슬을 머금었습니다. 일찍 운동하러 나온 사람 몇이 부지런히 달립니다. 저분들 가슴속엔 지금 무엇이 있을까. 나는 설렘이 가득한데 말입니다. 자전거 타는 기분도 전에 없이 상쾌하였습니다. 한껏 속도를 높여도 별로 힘들지 않았습니다.

밀양과 삼랑진을 지나면서 강은 더욱더 넓고 깊어졌습니다. 둔치도 더욱더 넓게 펼쳐졌습니다. 넓어진 둔치 사이로 끝없이 자전거 길은 이어졌습니다. 가도 가도 끝이 없었습니다. 힘은 자꾸 소진되어 갔습니다. 시야는 넓어졌는데 머리는 텅 비어갔습니다. 부산시 경계를 지나면서 아파트들이 성냥갑처럼 빼곡하였습니다. 요새 성냥갑은 길이가 길어졌습니다. 오후가 되면서 자전거와 사람들이 많아졌습니다. 마주 오는 자전거를 피해서 천천히 운행합니다. 구포 둑에 접어들었습니다. 끝이 보이기 시작하였습니다. 저 멀리 하구언을 가로지르는 다리가 보입니다. 33년이 지났지만, 어제 본 듯 눈에 익었습니다. 종점 표지석에서 인증사진을 찍고, 드디어 낙동강 종주길을 마무리했습니다. 나는 대구에서 자전거를 타고 여기까지 왔습니다. 기차도 버스도 타지 않았습니다. '오로지 두 발로 페달을 저어 왔다고요, 여보시요!'라고 외치고 싶었습니다.

자전거를 돌려 33년 전에 살던 동네로 달려갔습니다. 낯선 고층 아파트들이 즐비하게 늘어선 골목으로 접어들었습니다. 옛날 흔적을 찾아 꼼꼼히 살피고 다녔습니다. 에덴공원과 승학산과 동아대 캠퍼스는 예나 지금이나 변함없었습니다. 아내가 꼬맹이를 데리고 다녔던 교회를 발견했습니다. 아파트들이 들어서면서 신도들이 많아져서 큰 건물로 탈바꿈했습니다.

이 동네로 이사 와서 두 번째로 살던 3층짜리 아파트를 찾아봤습니다. 흔적도 없었습니다. 세 번째로 살았던 단독주택을 찾아봤습니다. 역시 흔적도 없었습니다. 이제 마지막 희망은 첫 번째 살았던

5층짜리 아파트를 찾는 일입니다. 오래된 아파트는 모조리 재건축하는 판인데 아직 존재하리라고 기대하기는 힘들었습니다. 동네를 빙빙 돌아 자전거를 타는데 피곤함은 이미 사라졌습니다. 가슴이 벌렁거렸습니다!

찾았습니다! 고층 아파트들 사이에 덩그러니 5층짜리 한 동이 비집고 섰습니다. 파란색 외벽이 주황색으로 바뀌었습니다. 아닌가? 자전거를 세우고는 빙빙 돌아봤습니다. 틀림없었습니다. 어떤 아주머니가 봉투를 들고 나옵니다. "여기가 칠산아파트 맞는기요?" "맞아예!" 나는 아주머니를 붙잡았습니다. "내가 바로 33년 전에 여기 살았심더! 아이고 이기 아직 살아 있네예. 대구서 왔심더. 떠나고는 첨이라예."

돌아서는 아주머니 등 뒤에서 다시 외쳤습니다.

"자전거 타고 왔심더!"

내가 살았던 203호 베란다를 쳐다봅니다. 17평입니다. 거실에는 비닐장판이 깔렸습니다. 방 2개, 거실 겸 주방, 일자형 자그마한 싱크대, 베란다에 기름보일러 통. 저기 앞방에는 노란 커튼을 쳤지. 방 한가운데 책상을 놓고 의자에 앉으면 바깥을 볼 수 있게 했지. 겨울에 보일러를 틀어도 온기가 별로 없었지. 보증금 700만 원짜리 전셋집이지만 내 인생 첫 아파트, 꿈에도 그리던 성냥갑이었지. 나는 시골 초가집에 살아서 늘 시내 사는 친구들 벽돌집이 부러웠지. 등기부 등본도 안 떼보고 덜렁 전세 계약을 할 정도로 순박했었지. 나중에야 빚쟁이가 담보로 잡은 집이란 걸 알고 혼비백산했었지.

서면에 있는 그 빚쟁이한테 사정하러 갔었지. 얼굴이 붉고 뺨에 큰 사마귀가 하나 있었던 풍채 좋은 빚쟁이 모습이 생생하였습니다. 이런저런 상념에 잠겨 발길을 되돌릴 수가 없었습니다. 고목처럼 하염없이 서 있었습니다.

바로 그때 베란다 문이 스르르 열렸습니다. 20대 새댁이 문을 열고 내려다봅니다. 아! 제 아내입니다. 아내가 제일 좋아하던 원피스를 입었습니다. 나무색 바탕에 밤색 물방울무늬입니다. 물방울은 바둑알만 한 크기입니다. 무릎 아래까지 내려온 치맛단이 바람에 펄럭입니다. 허리는 끈으로 둘러 묶었습니다. 아직 돌도 안 된 아들은 안방에서 곤히 잠들었을 겁니다. 화장기 하나도 없는 뽀얗고 탱탱한 얼굴. 옆으로 가르마를 타서 넘긴 약간 물들인 생머리. 아내가 나를 마중 나온 겁니다. 나는 며칠간 대구에 출장 다녀오는 길인 것입니다. 내 검은 머리숱은 기름지고 이마 위 언저리까지 빽빽합니다. 얼굴은 반질반질하고 허여멀건 꽃미남입니다. 육체는 싱싱하고 가슴엔 열정이 가득합니다.

33년을 거슬러 올라간 상념에 푹 빠져, 그렇게 한참을 서 있었습니다. 그 자리에서 떠나기 싫었습니다. 나는 어느새 피 끓던 젊음으로 돌아가 있었습니다. 가슴이 아려왔습니다. 뭐라 표현할 수 없었습니다. 어제인 듯하였습니다. 벅차오르는 감정을 수습하지 못하고 맞은편 식당에 들어가 막걸리 한 잔 시켰습니다. 식당 창을 통해 203호 베란다를 하염없이 바라봤습니다.

33년을 거슬러 올라간 상념에 푹 빠져,
그렇게 한참을 서 있었습니다.
나는 어느새 피 끓던 젊음으로 돌아가 있었습니다.
벅차오르는 감정을 수습하지 못하고
맞은편 식당에 들어가 막걸리 한 잔 시켜놓고
203호 베란다를 하염없이 바라봤습니다.

어느덧 낙동강은 황혼으로 물들어 가고 있었습니다. 정신을 수습하고 다시 자전거에 올라 구포둑을 거슬러 올라가서 사상터미널에 당도했습니다. 대구로 가는 고속버스표를 샀습니다. 나는 다시 2019년으로 돌아왔습니다. 이젠 등기부 등본 같은 건 빈틈없이 챙기는 때때모찌가 되었습니다.

사람들이 바쁘게 오가는 한쪽 구석에 자전거 홀로 외롭게 섰습니다.

(2019. 3. 23)

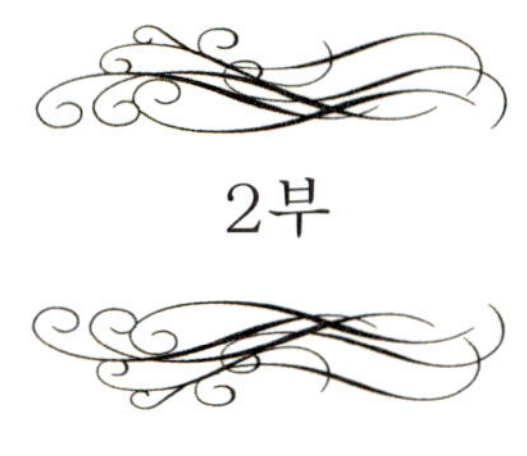

2부

민들레

VIP 손님

주방에서 고소한 냄새가 풍긴다. 프라이팬 앞에 선 아내의 뒷모습이 살짝 들떠 있다. 봄바람이 불었나.

"내일 VIP 손님 오신데이."

VIP라. 누구지? 아하 부산 큰 처형께서 오시는구나. 그럼 그렇지. 아마 대구에 볼일이 있으신가 보다. 설마 시숙이나 시동생보고 VIP라 하지는 않을 터이니.

"누군지 모르겠는기요?"

이건 또 무슨 뉘앙스? 갑자기 내 머릿속이 번쩍하며 입언저리에는 미소가 번진다. 외손주 놈 온다는 말이다. 토요일마다 오는 놈인데, 내일은 평일이라 짐작을 못 했다. 어묵 볶는 소리에 사랑이 섞였다. 커다란 냄비에 소고기를 듬뿍 넣고 미역국도 끓일 것이다. 이제 두 돌 되는 놈이 미역국을 좋아한다. 국물이 손주 놈 입에 맞나

보다. 그런 다음엔 간을 싱겁게 하여 애호박을 볶을 것이다. 어묵이나 애호박도 손주 놈이 좋아하는 메뉴다. 콩알만 한 놈이 잡수시는 건 상 어른이시다. 냉장고에는 오늘 사 온 싱싱한 딸기가 대기하고 있을 것이다. 오렌지도 있다. 반야월 오일장에서 사다 놓은 뻥튀기도 있다. 한 입 물어뜯으면서 나는 '바싹' 소리와 입안에서 살살 녹는 맛을 좋아하신다. VIP를 위한 만반의 준비다.

내일 아침에는 작은 고구마를 삶을 것이다. 오늘 저녁에 미리 삶아 놓으면 식어서 맛이 없기 때문이다. VIP께서 도착하시기 직전에 삶아 놔야 한다. 그래야 따끈따끈한 할매표 고구마를 더 맛나게 드실 수 있기 때문이다. '호호' 불어 VIP 입에 쏙 넣어줘야 만족하신다. 이 또한 장날에 오동통한 고구마를 골라서 사다 놨다. VIP께서 실컷 먹고 나서 배가 빵빵해져 나가떨어지고 나면 그때야 식어 빠진 고구마나마 내 입에 들어갈 수 있다. '호호' 불 필요도 없다. 나는 손주보다 서열이 한참이나 아래다.

VIP께서는 내일 아침 10시경 행차하실 것이다. 늘 잠을 곤하게 주무시므로, 기침하시는 시간이 늦기 때문이다. 초미세먼지 방지용 두꺼운 마스크를 끼고 오실 것이다. 행여 미세먼지로 인하여 편찮으시면 큰일 나기 때문이다. 신발도 안 벗고 거실로 돌진하실 것이다. 할매 여비서가 따라다니면서 신발을 벗겨드릴 것이다. VIP께서는 우리 집에 신발을 신은 채로 들어올 수 있는 막강한 권력을 가진 유일한 인물이다. 목도리와 마스크와 외투와 바지를 벗겨드리면, 세상에서 제일 편한 복장인 내복만으로 활보할 수 있는 특권도 누리게 되실 것이다. 이미 아랫집에는 양해를 구해놨으니 VIP께서 맘껏 뛰셔도 괜찮을 것이다.

VIP를 모시고 온 젊은 엄마는 특급 수행비서다. 내 사랑스러운 딸에서 VIP의 수행비서로 변한 지가 2년이 됐다. 마음도 몸도 철저하게 변했다. 수행비서는 우리 집에 오자마자 자기가 쓰던 방으로 가서 침대에 벌러덩 나자빠질 것이다. VIP께서는 어디로 튀실지 모르는 분이시기에 수행비서 역할이 무척 고되었을 터이다. 친정에서만큼은 무거운 직책을 내려놓고 편하게 휴식을 취할 수 있게 한다. 저녁까지 손가락 하나 까딱하지 않아도 된다. 스마트폰만 들여다볼 것이다. 이 모든 레퍼토리는 경험적으로 내 머릿속에 입력되어 있다.

내가 질투하는 건 절대 아니다. 손주 놈한테 질투하는 할배 봤나. 나는 어디까지나 현상을 있는 그대로 이야기하는 것뿐이다. 그러나 속으로는 조금 부럽다. 나도 이 시대에 다시 태어났다면 어떨까? 라고 생각해 본 적은 있다. 맛있는 음식을 마음대로 먹는다는 것이 부러운 게 아니다. 마음대로 뛰어논다는 게 부러운 것이 아니다. VIP로 대접받는 그 자체가 제일 부러운 것이다. 나는 졸卒이기 때문이다. 이전에는 자식들한테 밀려서 식은 고구마를 먹었다. 이젠 손주 놈한테 밀려서 찬밥신세다. 어느덧 그렇게 되어 버렸다.

하지만 어쩌랴! 마음 한구석은 짠하다. VIP께서 동생을 볼 가능

내가 질투하는 건 절대 아니다. 손주 놈한테 질투하는 할배 봤나. 속으로는 조금 부럽다. 나도 이 시대에 다시 태어났다면 어떨까? 맛있는 음식을 마음대로 먹는다는 것이 부러운 게 아니다. 마음대로 뛰어논다는 게 부러운 것이 아니다. VIP로 대접받는 그 자체가 제일 부러운 것이다. 이전에는 자식들한테 밀려서 식은 고구마를 먹었다. 이젠 손주 놈한테 밀려서 찬밥신세다.

성이 별로 없어 보이기 때문이다. VIP의 수행비서께서 전권을 쥐고 있는데, 내가 볼 땐 그럴 가능성은 희박해 보인다는 거다. 그러면 험한 세상 형제도 없이 외톨이로 헤쳐나가야 한다. 이 얼마나 가슴 아픈 일인가. 뭐니 뭐니 해도 피붙이만큼 의지가 되는 대상은 없다. 요즘 드라마에서도 보면 간 이식이니 뭐니 하는데 힘이 되어 주는 건 형제간밖에 없더라. 통계에 따르면 우리나라 여성들의 평생 출산율이 1명도 안 된다고 한다. 그러니 VIP한테만 해당하는 것도 아니다. 우리 모두의 문제다.

할배한테 고기반찬은 다 가고 손주들은 뒷전에서 침만 흘리던 우리네 옛 시절이 있었다. 할배가 VIP이던 시절이었다. 집마다 아래로는 동생이 위로는 형 누나가 있었다. 집 밖에만 나가면 동네 또래들이 한두 명이 아니었다. 비록 VIP 자리는 할배가 차지했었더라도 우리 또래들은 외롭지 않았다. 따뜻한 미역국 맘대로 못 먹었어도 또래의 정情은 많이 먹고 자랐다. 우리는 베이비부머 세대다. 세월이 흐른 지금도 형제나 또래 친구들이 인생의 동반자로 여전히 곁에 있다.

내일 행차하실 우리의 VIP는 외로울 것이다. 무슨 방법이 없을까.

(2019. 3. 20)

슬픈 술래

경남 함양 상림공원은 우리 경주 최씨 시조 최치원이 함양 태수로 있을 때 홍수 예방을 위해 조성한 숲이다. 추석 연휴에 우리 형제들이 가는 단골 나들이 장소다. 꽃무릇이 한창일 때여서 눈 호강 톡톡히 한다. 줄기마다 붉은 꽃을 이고 가지런히 선 꽃무릇 군락지는 나그네의 발걸음을 멈추게 한다. 단 하나의 색으로 만든 이미지가 더욱 아름답다. 초록으로 우거진 나무 아래에서 불꽃이 치솟듯 강렬하다.

이토록 아름다운 꽃에도 말 못 할 슬픈 사연이 있다. 대부분의 꽃과 다르게 꽃이 먼저 피고 잎이 나오는데, 꽃은 잎을 보지 못하고 떨어져 버린다. 기다려도 잎이 나오지 않으니 그리움에 시름시름 앓다가 죽는다. 아름다운 자태를 사랑하는 임에게 보여주지 못하고 가버리는 안타까운 꽃이다. 그리하여 상사화라고도 불린다.

지난달, 포항에서 영덕까지 자전거 여행을 다녀왔다. 영덕 해맞이공원에서 영덕터미널로 넘어가는 산복도로에서 길을 잘못 들어 풍력발전단지를 만났다. 뜻하지 않게 만난 거대한 바람개비들의 세상에 넋을 잃었다. 자연과 인공물이 절묘하게 조화된 이국적인 풍광이었다. 세 개의 흰 날개는 작은 바람에 힘겹게 돌아가고 있었다. 하지만 날개 형제들은 온종일 서로 만나지 못했다. 하나가 아래로 내려가면 다른 하나가 따라 내려갔다. 잡으려고 해도 앞선 날개는 이미 위로 솟구치고 있었다. 바람개비의 날개 형제들은 영원히 손잡지 못한다. 서로 바라보는 것만으로 아쉬움을 달랜다.

황진이의 유명한 시 '꿈길'은 중학교 음악 시간에 배우고 지금까지 가사를 잊지 않는다. 하도 감동적이어서 사춘기 소년이었던 나의 가슴에 깊이 박혔다. 지금도 수시로 흥얼거린다. 여태 이보다 더 간절한 그리움의 시를 보지 못했다. 얼마나 그리움에 사무쳤으면 꿈에서 길을 만들었을까. 그러나 밤마다 어긋나는 꿈. 그리움이 절절히 묻어난다. 마음대로 만날 수 있다면 이런 아름다운 글이 나올 수 있었을까.

꿈길밖에 길이 없어 꿈길로 가니,
그 님은 나를 찾아 길 떠나셨네.
이 뒤에는 밤마다 어긋나는 꿈,
같이 떠나 노중에서 만나를 지고.

아버지는 철도 공무원이었다. 집에서 경주역까지 십 리 길을 자전거로 출근하셨다. 철도 특성상 평생 교대근무를 했다. 아침에 출근하시는 날은 그날 저녁에 퇴근하셨다. 저녁에 출근하는 날은 밤새 근무하시고 이튿날 오전에 퇴근하셨다. 나는 아버지와 숨바꼭질을 하였다. 아버지가 저녁에 퇴근하시면 나는 일찍 잠자리에 들었다. 아침에 퇴근하시면 그날 저녁에는 출근하시지 않기 때문에 싫었다. 아버지가 안방에 계시면 나는 사랑방으로 도망갔다. 아버지가 사랑방에 계시면 나는 안방으로 내뺐다. 어릴 적 아버지의 존재는 두려움의 대상이었다. 자식들에게 지엄한 가장이셨다. 아버지는 술래였고 우리는 꼭꼭 숨었다.

고등학교를 마치고 대구로 유학을 오고 난 이후에도 아버지는 술래였다. 타향에 꼭꼭 숨었다가 몇 달에 한 번씩 얼굴을 내밀었다. 그럴 때마다 술래의 안주머니에서 돈 봉투가 나왔다. 아버지의 안주머니에서는 돈이 샘솟듯 솟아나는 줄 알았다. 하룻밤을 자고 나면 나는 다시 숨으러 갔다.

세월은 어김없이 흘러 아버지도 늙으셨다. 이미 지엄한 가장의 모습은 아니었다. 아버지와 숨바꼭질을 하지 않아도 되었다. 아버지가 말년이 되면서 나와 아버지는 다정스럽게 지내는 부자간으로 바뀌었다. 하늘의 시샘인지 어느 날 아버지는 뇌출혈로 쓰러지셨다. 그러고 난 뒤 요양원에서 석 달을 보내셨다. 아버지는 다시 술래가 되셨다. 나는 예전같이 숨지는 않았지만, 세월이 우리를 갈라놓았다.

상황이 안 좋다는 요양원의 전화를 받고 즉시 달려가려고 했으나, 아직은 괜찮으실 거라는 원장의 설명에 우리는 일단 안심했다. 형님은 예정대로 세미나에 갔다. 동생은 이틀 후인 공휴일에 내려온다고 했다. 나도 동생과 같은 날 만나기로 하고 일정을 미뤘다. 하지만 부모는 기다려주지 않는다는 옛말이 틀리지 않았다. 그 이틀을 기다리지 못하고 하늘로 가셨다. 아버지는 아들 삼 형제의 임종을 스스로 거두셨다. 마지막까지 자식을 위해 희생하셨다. 그렇게 아버지는 영원한 술래가 되셨다.

술래는 숨은 친구들을 찾으러 가는 순간이 제일 조마조마하다. 숨은 친구들은 술래가 찾으러 다닐 때가 제일 조마조마하다. 그 긴장감을 즐기는 놀이가 숨바꼭질이다. 조마조마한 순간의 묘미가 술래의 백미다. 막상 찾아버리면 허탈해지고 긴장은 풀어진다. 살아가면서 때로는 술래가 되기도 하고 숨는 역할을 할 때도 많았다. 찾지 못해 스트레스를 받기도 했고, 숨지 못해 고생하기도 했다. 돌이켜 보면 인생은 숨바꼭질의 연속이었다.

끝내 찾지 않고 하늘로 떠나신 아버지는, 당신에 대한 그리움이 배가 되도록 작전을 짜신 영원한 술래였다.

(2019. 10. 16)

민들레

열정을 바친 직장이라는 조직에서 이탈했다. 국가적인 경제 위기로 인한 구조조정의 칼날을 비껴갈 수 없었다. 갑작스럽게 찾아온 환경의 변화를 받아들이지 못했다. 아침을 먹고 나면 습관적으로 문을 나섰다. 늘 출근하는 복장을 그대로 갖췄다. 갈 곳이 없었다. 반겨주는 사람도 없었다. 온종일 전화 한 통 오지 않았다. 외로움은 오롯이 혼자의 몫이었다.

갈 곳이 있고 없고의 차이는 하늘과 땅 차이였다. 버스를 타고 내리는 곳은 한적한 공원이었다. 아침나절의 공원은 더욱 을씨년스러웠다. 누구 하나 관심 가지는 사람이 없었다. 이 넓은 세상에서 홀로 내팽개쳐진 듯 적막감이 찾아왔다. 벤치에 앉으면 땅 밑으로 깊숙이 가라앉는 느낌이 들었다.

시간이 지나면서 몸과 마음이 지쳐갔다. 동종업계에서 혹시나 찾지나 않을까 하는 기대감도 사라져갔다. 그렇다고 아무 일이나 할 엄두도 못 냈다. 조직 생활을 한 경험이 오히려 족쇄가 되었다. 조직에서의 명예와 계급에 대한 미련을 버리기 힘들었기 때문이었다. 이른바 조직 폐인이 되는 느낌이었다.

산을 찾기 시작했다. 하지만 평일에 산을 오르면 뭇 등산객들의 눈이 뒤통수에 박혔다. 세상 어디에도 한 몸 쉬어갈 데가 없었다. 저 등산객들은 살아가는 걱정이 없을 테지. 일만 하고 살아온 세월은 도대체 나에게 무엇이었나. 나는 여태 무엇을 했는가. 나는 왜 이럴 때를 대비하여 준비를 못 했나. 나는 왜 사는가. 근본적인 회의감이 엄습했다.

이 모든 것이 지천명이 가까워지는 나이에 일어난 일이었다. 삶의 중간점검은 성취감보다는 피로감이 더하였다. 인생의 절대적 위기였다. 그래도 열심히 살았다고 스스로 위로도 해보았지만, 그럴수록 의기소침해질 뿐이었다.

위장 출근을 한 지 몇 년이 흘러가면서 내면은 피폐해지고 가정 경제는 회복하기 힘든 지경에 이르렀다. 늪에서 벗어나야겠다는 생각이 들었지만 한 걸음도 나아가지 못했다. 거대한 장벽에 가로막혀 한 치 앞이 보이지 않았다. 길고 컴컴한 터널 속에 갇힌 느낌이기도 했다. 방법이 없다고 생각했다. 결국엔 막다른 생각까지 하게 됐다.

어느 여름날 아침에 버스를 기다리고 있었다. 기다리던 버스는 올 줄 모르고 나 홀로 의자에 앉았다 섰다 서성이었다. 그때 내 눈

에 들어오는 것이 있었다. 내 발에 밟혀 누운 노란 꽃이었다. 활짝 웃고 있었다. 시멘트 틈새를 비집고 올라온 꽃이었다. 척박한 환경에서 끈질긴 생명력을 가진 꽃은, 내 마음을 송두리째 뒤집어 놨다.

민들레와의 첫 만남은 그렇게 이루어졌다. 부끄럽지만 그때까지도 민들레를 몰랐다. 인터넷을 찾아보고 민들레라는 걸 알았다. 그만큼 앞만 보고 살아왔다. 노랫말로 수도 없이 들었던 풀꽃, 민들레를 그제야 알았다. 지천명이 넘어서야 민들레를 알았다. 민들레 너는 어디 숨었다가 이제야 나타났니. 김춘수의 '꽃'이라는 시가 생각났다. '내가 너의 이름을 불러주었을 때 너는 나에게로 다가와 꽃이 되었다.'

민들레를 만나면서 용기가 생기기 시작했다. 살아야겠다는 마음이 생겼다. 그때부터 내 눈엔 민들레만 보였다. 담벼락 틈새에도 하수구에도 강변에도 들판에도 길섶에도 있었다. 온 천지가 민들레 세상이었다. 여태 살아오면서 그 많은 민들레가 왜 내 눈엔 띄지 않았을까 신기했다.

민들레는 밟히고 차이고 짓눌려도 다시 꿈틀거리며 일어선다. 봄이 오면 온 천지에 들불처럼 솟아나 꽃을 피운다. 마지막엔 홀씨를 날려 보내고 생을 마감한다. 홀씨는 세상 구석구석으로 퍼져 긴 겨울을 견뎌낸다. 삭풍이 불고 눈보라가 몰아쳐도 좌절하거나 포기하지 않는다. 희망을 품고 봄을 기다린다.

1인 자영업의 세계로 뛰어들었다. 어깨를 짓누르던 권위와 명예를 집어던져 버렸다. 감히 털끝만큼이라도 비교되지는 않지만, 충

무공 이순신 장군이 백의종군할 때의 기분이 이런 기분이었을까. 밤낮을 가리지 않고 뛰었다. 마지막이라는 절박함이 나의 몸과 마음을 활활 불태웠다. 막상 일을 하니까 피곤한 줄 몰랐다. 인생은 끝날 때까지 끝난 게 아니었다. 9회 말에 극적으로 역전 홈런을 쳤다. 나는 당당히 일어섰다.

고난을 딛고 다시 일어선 세상은 아름다웠다. 이전엔 보지 못했던 세상이었다. 벼랑 끝에 내몰려 본 사람만이 느낄 수 있는 축복이었다. 점심 한 끼 배불리 먹는 것도 나에겐 행복이었다. 그제야 이웃도 보이기 시작했다. 시간이 흐르고 여유가 생기면서 민들레도 까맣게 잊어버렸다. 어려울 때 나를 일으켜 세워준 고마운 민들레가 아닌가.

어느 봄날 출근하며 사무실 문을 여는데, 문턱 아래에서 민들레가 꽃을 피우고 나를 올려다봤다. 차가운 시멘트 틈에서 모진 겨울을 견딘 녀석이었다. 순간적으로 지난날들이 머릿속에서 필름처럼 스쳐 갔다. 가슴이 울컥해지며 눈물이 핑 돌았다. 나도 모르게 이렇게 중얼거렸다.

"민들레! 너를 잊어버렸구나. 미안하다."

인생이라는 긴 마라톤에서 누구나 한 번쯤 어려움에 부닥친다. 가족을 포함한 누구도 대신 해결해 줄 수 없다. 오로지 자신만이 뚫고 나가야 할 주체다. 그래서 인간은 고독하다. 하지만 자연은 언

제나 우리의 친구가 되어준다. 나는 자연에서 지혜를 배우고 난관을 극복했다. 극복하고 난 후에는 자연의 고마움을 잊어버렸다. 스스로 잘 나서 일어선 줄 착각했다. 그것이 숨길 수 없는 나라는 인간의 얄팍한 내면이다. 한없이 넉넉한 자연은 오히려 그것을 용서하고 겸손함까지도 가르쳤다.

(2019. 10. 2)

매미

매미 한 마리 땅바닥에 널브러졌다. 통통한 배가 하늘로 향했다. 마지막 작은 움직임도 이내 멈췄다. 수명이 다했다. 멀리서 들려오는 매미 소리는 힘을 잃었다. 동료를 먼저 보내는 허전함과 뒤따라 가야 하는 슬픔이 묻었다. 생生의 끝자락을 붙잡고 있는 안간힘이 애처롭다.

짝짓기에 2주를 허락받았다. 땅속에서 7년을 견딘 대가다. 나무에 매달려 울고 또 운다. 수컷이 암컷을 부르는 소리다. 암컷은 울지도 못한다. 소리를 만드는 기관이 있을 자리에 산란관이 있기 때문이다. 울 수 있는 권리는 수컷에게만 있다. 암컷의 몫까지 울어야 하는 수컷의 목청이 힘에 부친다.

죽은 매미는 짝짓기에 성공한 수컷이 아닐까. 암컷은 어딘가에서 산란을 할 것이다. 그런 다음에 수컷의 뒤를 따르리라. 종족 보

존을 위한 처절한 본능이다. 알에서 깨어난 애벌레는 스스로 나무에서 떨어져 땅속 깊숙이 들어간다. 땅속에서 조금씩 성장하다가 7년이 지나면 다시 밖으로 나온다.

결혼에 성공하자마자 죽음으로 영원히 헤어져야 하는 매미의 팔자는 기구하기 그지없다. 매미의 일생을 몰랐을 때, 나는 매미 소리를 노래라고 생각했다. 어린 마음에도 동구 밖 시원한 버드나무에서 온종일 노래만 하는 매미가 부러웠다. 방학 숙제인 곤충채집 때문에 매미 잡으러 다니면, 아무리 살금살금 다가가도 놓치고 말았다.

참매미는 노래를 시원하게 잘 부르고 유지매미는 꺾어 부르기를 잘했다. 참매미가 몸집이 더 크기 때문에 목청도 좋은 줄 알았다. 참매미나 유지매미나 노래는 달랑 한 곡이 전부였다. 히트곡 하나로 여름 내내 불러도 싫증나지 않았다. 여름이 지나면 어딘가에 숨었다가 내년에 또 날아오는 줄 알았다.

그렇게 부러워하던 매미가 겨우 2주일 살다 간다는 걸 알았다. 거기다가 7년이나 땅속에서 인고의 세월을 보낸다는 사실을 알고는 충격을 받았다. 그때부터 매미 소리가 노래가 아닌 울음으로 들렸다. 똑같은 소리가 정반대로 들리기 시작했다. 세상의 모든 소리는 듣는 이의 마음 상태에 따라 다르게 들린다.

마침 나도 마음의 지옥에서 헤매고 있었다. 국가적 경제 위기로 인해, 젊음을 바쳐 충성하던 조직에서 버림받고, 갈 곳 잃은 한 마리의 양이 되었다. 매미의 운명이 나의 숙명인 양 동류의식을 느꼈다. 매미 소리를 들으면 위로를 받기도 하고 슬퍼지기도 했다. 나도 매미와 다를 바 없었다.

긴 세월을 직장에서 치열하게 살았다. 덕분에 영광의 자리에도 올랐다. 그러나 영광은 오래가지 않았다. 기업은 이익을 위해 앞으로 나아가기만 했고, 조직원의 복지나 신분에 대한 보장은 미미하던 시대였다. 세상의 이치는 그랬다. 나는 그걸 몰랐다. 그저 앞만 보고 살았다.

매미는 분명한 목적을 가지고 세상에 나온다. 목적이 있었기 때문에 인고의 세월을 어둠 속에서 견딜 수 있다. 그것도 그냥 견디면 되는 게 아니다. 순간순간 천적으로부터 살아남기 위한 투쟁의 연속이다. 매미는 종족 보존을 위해 살아남아야 한다는 본능이 있다. 흔들림 없는 매미의 일생이 고귀하고 아름답게 느껴진다.

앞만 보고 산 결과는 비참했다. 조직에서 떨어져 나오는 순간부터 그 조직과의 연결고리는 없어졌다. 끈 떨어진 연이 되었다. 세상에서 오직 나 홀로였다. 망망대해에 표류하다 무인도에 버려진 신세와 다르지 않았다. 아무도 도와주지 않았다. 세상인심은 그랬다. 목표가 없어져 버리면서 절망하게 되었다.

인간은 사회적인 동물이다. 조직에서 멀어지면서 인간의 근본이 무너졌다. 가정이라는 사회에서도 알게 모르게 소외되었다. 홀로 하나의 섬에 갇혔다. 외롭고 고독했다. 그 기간이 생각보다 오래갔다. 그러면서 마음은 피폐해지고 의욕은 상실되었다. 매미 소리도 처절하게만 들렸다. 꿈을 잃었다.

더 내려갈 수 없는 끄트머리에 섰을 때에서야 비로소 용기가 나

기 시작했다. 어느 여름 매미 소리가 요란할 때 나는 다시 움직이기 시작했다. 의욕이 되살아나기 시작한 것이다. 살아남기 위한 본능적인 움직임이었다. 오랜 고난을 딛고 매미가 우화하여 새로운 세상에 나오듯, 나도 꿈틀대기 시작했다.

짝을 찾으려 필사적인 노력을 하는 매미처럼, 나도 벌판에 나와 뛰었다. 새로운 꿈이 가슴속에 자리 잡으니 세상도 새롭게 보였다. 여태껏 견뎌낸 세월은 매미 애벌레의 세월과 마찬가지였다. 뛰는 시간이 쌓이면서 나는 다시 일어섰다. 그리고 찾았다. 새로운 세상을 말이다. 새로운 세상은 고난을 겪어본 사람에게만 보였다.

애벌레로 산 매미의 긴 인고의 세월이 아름답게 보이기 시작했다. 사람들은 애벌레로 산 긴 기간을 무시한다. 오로지 성충인 매미만 보고 판단한다. 그 이면에는 애벌레로서의 삶도 분명히 존재하는데 말이다. 과정을 무시하고 결과만 보고 판단해버린다. 애벌레의 삶이 없었다면 성충도 없다.

요즘 나는 새삼 과정의 중요성을 깨닫는다. 결과는 과정의 산물이다. 긴 시간을 치열하게 견뎌내었으므로 결과가 있다. 과정은 길고 영광은 잠깐이다. 열심히 노력한 과정이 더 아름답다. 어려운 과정이라도 참고 견뎌내면 또 다른 세상이 열린다. 인생은 견디는 과정의 연속이다. 어려움을 견디고 버티어야 한다. (2019. 8. 30)

오일장 수박

반야월 오일장은 언제나 붐빈다. 도시에서는 보기 드문 풍경이다. 대형 할인마트가 대세인 요즘 세상에, 이런 재래시장이 열린다는 것만으로도 좋다. 나는 오일장의 충성스러운 고객 중의 한 사람이다. 시골에서 자랐기 때문에 재래시장이 정서에 맞다. 시끌벅적한 분위기에 휩쓸리면 사람 사는 맛을 느낀다. 생동감도 넘친다.

자전거 퇴근길에 개근하듯 들러서, 평소에는 주로 반찬을 사고 호떡 하나 사 먹는다. 지금 같은 여름이면 어김없이 수박을 산다. 오일장 땅바닥에서 만나는 수박은, 할인마트에 진열된 수박보다 정품일 확률은 떨어진다. 당도가 떨어지거나 덜 익은 수박도 많다. 특히 요즘은 이미 넘어버린 수박도 많이 만난다.

아침이면 속을 알 수 없는 수박이 일렬로 가지런히 쌓인다. 어디서 차를 타고 예까지 왔는지도 모른다. 표정도 제각각이다. 자세히

보면 똑같이 생긴 수박은 하나도 없다. 검은색 줄의 생김새도 각각 다르다. 아침부터 저녁까지 땡볕에서 온종일 대기한다. 속내를 숨기고 웅크리고 앉아 행인들을 조롱한다. 조롱당한 사람들은 답답한 마음에 두드려본다. 맑은 소리를 내는 수박이 먼저 팔려나간다. 허스키한 수박은 나중에 팔려나간다.

퇴근 시간에는 이미 파장 분위기여서 팔다 남은 물건들을 싸게 판다. 수박이 제일 대표적인 할인 품목이다. 아침에 수북하게 쌓였던 수박은 저녁이면 확 줄어들어 있다. 내가 단골로 들르는 곳의 주인은 화끈하다. 욕도 잘한다. 어둑해지는 파장 무렵에는 십원짜리가 날아다닌다. 그래도 천박해 보이지 않는다. 오일장에서의 특권이다. 박자도 척척 맞고 리듬도 잘 탄다.

"자~ 수박 떠리미!"

"지금부터 만 원짜리 오천 원!"

"말만 잘하면 공짜!"

여기서 제일 중요한 건, 지금까지는 틀림없이 만 원짜리였다는 거다. 그걸 강조해야 한다. 반드시 '만 원짜리'를 '오천 원'이라는 단어 앞에 붙여 말한다. 바로 옆집 감자도 마찬가지다. "감자 삼천 원짜리 이천 원!" 이렇게 외친다. "수박 오천 원 감자 이천 원"이라고 말하면 안 된다. 그리 말하면, 조금 전까지 만 원이나 하던 수박이나 삼천 원이나 하던 감자라는 걸 모르기 때문이다. 어둑할 때의 오일장 풍경은 왁자지껄하고 재미있다. '짜리'가 공중으로 날아다닌다.

나는 늘 만 원짜리가 오천 원으로 둔갑하고 나면 산다. 어릴 때부터 몸에 밴 천성이다. 옷을 살 때도 아내는 비싼 옷을 사서 오래 입고, 나는 싸구려를 여러 개 산다. 나이가 들어서도 이런 버릇은 안 고쳐진다. 정품 확률이 떨어지는 재래시장 수박을 고집하는 이유도 바로 여기에 있다. 어둑한 파장 무렵에 가는 심리도 마찬가지다. 말만 잘하면 공짜라는, 재래시장 특유의 정감 어린 말투도 재미있다. 집에서 쪼개보고 나면 절반 이상은 속는다. 속아도 다시 간다.

곰곰이 생각해보면, 싼 걸 찾아다닌다기보다는, 재래시장 자체를 좋아한다고 해야 맞다. 많은 사람이 떠들썩하게 움직이는 속에서 내가 살아있다는 증표를 찾는 게 아닐까. 우리는 늘 틀에 짜인 생활 속에서 나를 잃어버리고, 하루하루 무의식적으로 살아간다. 많은 사람을 만나도, 돌아서면 늘 혼자임을 깨닫는다. 일이나 인간관계에서도 외로움을 느낀다.

수박은 엉큼하여 말이 없다. 길바닥에 진열된 수박 겉모습만 보고 그 속을 알 수 없다. 수박을 파는 사람도 수박 속을 알 수 없고, 사는 사람도 속을 알 수 없다. 덜 익었는지, 너무 익었는지, 당도가 높은지, 밋밋한 맛인지, 수분이 많은지, 잘라보기 전에는 모른다. 열 개도 안 남은 수박을 똑똑 두드려본다. 오늘도 나의 단골 수박 장수 아저씨는 고함치듯 외친다. "틀림없심더!" 뻔뻔한 말이지만 밉지 않다.

좀 덜 익은 수박이면 어떻고 넘어버린 수박이면 어떠냐. 수박에

좀 속아 넘어가면 어떠냐. 말도 못 하는 수박은 죄가 없다. 내가 스스로 선택한 결과가 아닌가. 속으면서도 며칠 지나면 잊어버리고, 다시 오일장을 찾아든다. 어쩌면, 알면서도 속으러 가는 것일 수도 있다. 복잡한 세상사 어찌 속지 않고만 살아갈 수 있으랴. 오일장에서는 소소하게 속는 맛도 오히려 재미있다. 사람 속과 달리 수박 속은 쪼개보면 금방 안다. 그래서 그런지도 모를 일이다.

'열 길 물속은 알아도 한 길 사람 속은 모른다.'는 말이 있다. 사람과 사람과의 관계는 단 한 번이라도 속으면 틀어진다. 속마음을 숨기고 인간관계를 맺는다는 건 상대방을 이용하는 것과 마찬가지다. 속이는 사람은 양심의 가책을 느끼고, 속는 사람은 배신감을 느낀다. 사람의 마음도 수박같이 금방 알게 된다면, 남을 속이고 속는 일이 없는 아름다운 세상이 되지 않을까.

집으로 가는 자전거 핸들에는 만 원짜리 오천 원에 산 수박 한 통 매달렸다.

(2019. 7. 16)

1년에 책 300권 뽀개기

1년에 300권의 책을 읽을 수 있을까.

그것도 소설을 중심으로 말이다. 나는 작년에 이런 말도 안 되는 짓을 했다. 어떻게 그런 마음이 생겼는지 지금 돌이켜 봐도 신기할 따름이다. 독서에 대한 열정은 어느 순간 나도 모르게 찾아왔다. 내 사전에 그런 열정은 죽을 때까지 없을 줄 알았다.

2018 새해가 시작되면서 손에 책을 잡기 시작했다. 왜 그런 마음이 들었는지 나도 모른다. 도서관에서 3권씩 빌려 3일 만에 읽었다. 처음에는 추리소설 중심으로 읽었다. 그러다가 유명 소설가의 산문 형식의 글도 읽었다. 장르를 불문하고 잡히는 대로 빌려 읽었다. 도서관이 사무실에서 가깝다는 것이 그렇게 좋을 수가 없었다. 그러던 어느 날부터, 읽고 난 책을 반납해야 한다는 게 아쉬워졌다. 남의 손때 묻은 책을 읽는다는 데 거부감도 들었다. 인기 있는 책은

손때가 많이 묻었다.

도서관을 끊고 교보문고에 드나들기 시작했다. 신간 베스트셀러 중심으로 사 읽었다. 그날 산 책은 그날 바로 읽어버렸다. 다음 날은 또 새로운 책을 사러 갔다. 사무실은 뒷전이었다. 작년에는 사업적으로 조용한 날들이 계속되었기 때문에 가능했다. 신선놀음에 썩을 도낏자루가 없어서 다행이었다.

사무실 문을 잠그고 매일 시내에 오가기도 불편했다. 인터넷 교보문고에 들락거리기 시작했다. 앉아서 편리하게 주문할 수 있었다. 그때까지 재래식으로 움직였다는 게 부끄러웠다. 한 권의 책을 주문하여 읽고 난 뒤 독후감을 쓰면 포인트를 주었다. 포인트는 책값의 10% 정도 되었다. 그 재미도 무시 못 했다. 독후감은 되도록 좋게 썼다. 사람들은 독후감을 검색하고 좋게 평이 나 있어야 책을 산다. 나도 책을 내봤기 때문에 잘 안다. 매일 주문하고 매일 읽고 매일 독후감 쓰기를 반복했다. 어느덧 교보문고의 충실한 노예고객이 되어버렸다.

자전거를 타고 사무실에 나오는 재미는 매일 배달되는 책에 있었다. 아침마다 책 배달 택배회사에서 카톡이 왔다. 곱게 포장된 새 책을 개봉하는 마음은 늘 행복했다. 사무실에 새 책이 쌓이기 시작했다. 빨리 많은 책을 읽고 새 책이 많이 꽂힌 사무실을 만들고 싶었다. 평소에 나는 책장에 책이 많은 집이 제일 부러웠다. 그렇지만, 읽지도 않은 책을 일부러 구해다가 장식할 마음은 추호도 없었다. 내가 직접 읽은 책을 내 눈에 띄는 공간에 가득 꽂아 놓는 것이

나의 로망이었다.

신간을 읽으면서 요즘 시대상을 간접적으로 느낄 수 있어서 좋았다. 젊은 소설가들의 톡톡 튀는 신선한 생각이 글 속에 녹아들어 있었다. 마음이 저절로 젊어지는 느낌이 들었다. 책을 읽으면서 순간순간 내가 살아있다는 느낌도 받았다. 내가 주인공이 되었다가 독자가 되었다가 하면서 책 속에 푹 빠져 지냈다.

고전에도 눈을 돌렸다. 학창 시절 국어 시간에 배웠던 소설들을 한 권도 제대로 못 읽었다는 게 부끄러웠다. 야릇한 향수가 내 마음에 스며들었다. 오래 묵은 숙제였다고 해야 하나. 이문열의 '젊은 날의 초상'을 읽고 나 자신이 젊은 날 겪은 철없던 행동들이 대비됐다. 그러고 보니 이 유명한 소설가의 책을 한 권도 읽지 못했다는 사실이 떠올랐다. 이참에 다른 유명 소설가들의 책들도 다 읽어야겠다는 생각이 들었다. '배 들어올 때 노 저어라'라는 말이 있다. 독서에 대한 열정이 식기 전에 해내야겠다는 다짐을 했다. 나와의 약속이었다.

박경리 박완서 박범신 최명희 이외수 고은 김훈 신경숙 등 대부분의 유명 작가들의 소설을 사 읽었다. 살아오면서 말로만 듣던 유명한 책은 다 읽었다. 우리나라 소설들은 대부분 논픽션이 주류를 이루었다. 박완서의 소설은 주로 한국전쟁 때 겪은 본인의 가족사 이야기가 주류를 이루었다. 전쟁이라는 것이 소설의 소재가 된 경우가 많았다. 이념은 책 속에서도 아프게 표현되었다. 우리의 역사였다.

외국 소설을 보면서 그 나라 문화를 읽었다. 베르나르 베르베르 소설은 기상천외하면서도 그의 나라 프랑스의 문화를 간접적으로 엿볼 수 있었다. 무라카미 하루키의 소설에서는 마치 내가 그 자리에 있는 듯 장면 묘사가 뛰어났으며, 일본 문화의 흐름도 느낄 수 있었다. 히가시노 게이고 같은 뛰어난 추리작가를 보면서 부러운 마음도 들었다. 인구가 900만 정도인 스웨덴에도 뛰어난 작가들이 많다는 것도 알았다. 책을 통한 소통은 시간과 공간을 초월하였다. 내 사무실에 앉아서 세계 각국의 유명 소설가와 교감할 수 있었다.

서양 고전을 읽으면서 1920~1940년대의 미국이나 선진국의 문화 수준을 알 수 있었다. '분노의 포도' '위대한 개츠비' 같은 유명 고전도 이제야 읽었다. 학창 시절에 얼마나 책을 안 읽었는지를 생각하면 새삼 부끄러웠다. 그 시절에 그런 소설을 쓸 수 있었다는 자체가 경이로웠다. 좀 더 일찍 이런 책들을 섭렵했더라면 인생이 달라졌을 수도 있었겠다는 생각도 들었다.

책값이 부담되기 시작하면서 중고서적을 샀다. 교보문고 대신에 알라딘으로 방향을 틀었다. 한 번 가면 5권 이상은 들고 나왔다. 그러다 대구 시내 중고책방은 다 뒤지고 다녔다. 헌책방은 고전을 구입하기에 적격이었다. 돈 안 되는 헌책방을 운영하는 분들이 고마웠다. 한 번에 30권씩 사 온 적도 있었다.

자전거로 출근하면서 쉬는 시간마다 책을 펼쳐 들었다. 너무 열중한 나머지 시간 가는 줄 모르고 있다가 지각한 날도 많았다. 퇴근 후 집에 가면 책을 먼저 펼쳤다. 내 인생에서 저녁에 텔레비전을 보지 않은 날은 작년이 유일하다. 반신욕을 하며 책을 펴고 시간 가는 줄 몰랐다. 밤늦은 시간까지 읽었다. 끝까지 읽고 난 뒤에야 잠을 잤다. 아침에 눈 뜨자마자 책부터 찾았다. 밥상에서도 책을 펼쳤다. 책冊만 본다고 집에서 책責잡히기는 내 인생 통틀어 처음이었다. 지하철에서 책을 읽다가 정거장을 놓치는 일도 많았다. 버스 기다리면서 책을 읽다가 버스를 놓치기도 했다. 대학 때 이런 식이었으면 고시 합격도 무난했을 것이라는 생각도 들었다. 책에 미쳐 살았다.

다독多讀이 인간의 정신과 육체에 어떤 영향을 미치는지 체험했다. 1년간 몸소 생체실험했다고 해도 과언이 아니다. 모든 생활패턴은 책에 맞춰졌다. 눈에는 오로지 책만 보였다. 머리에는 읽고 있는 책 내용만 가득했다. 책보다 소중하게 느껴지는 건 아무것도 없었다. 그렇게 1년을 보냈다.

올해 들어 수필 공부를 시작했다. 많은 책을 읽은 것이 수필 쓰기에 도움이 되었다. 쓰기 이전에 많이 읽는 것이 중요하다는 걸 절실하게 느꼈다. 그런데도 오히려 책을 손에서 놔 버렸다. 아이러니하게도 수필을 쓰면서 책 읽기를 중단하게 되었다. 더 많이 읽어야 함에도 말이다. 한쪽에 집중하면서 다른 한쪽을 놓쳤다. 다른 한쪽이 더 중요하다는 걸 망각했다. 읽기와 쓰기는 서로 긴밀하게 연결되어야 한다. 이제부터라도 손에서 책을 놓지 않으려 노력해야겠다.

책 읽는 열정! 노년의 문턱으로 접어드는 나에게 찾아온 보물 같

은 선물이었다. 작년에 이 열정을 놓치지 않고 백번 활용한 것은 천만다행이었다. 작년 이전의 나와 작년 이후의 나는, 알게 모르게 달라졌을 것이다. 행운이었다. 그리고 행복했다.

나는 지금도 내 사무실에서 내가 읽은 책과 교감하고 있다.

(2019. 8. 21)

댓글과 답글

출근하면 맨 먼저 내 블로그를 열고 댓글에 답글을 단다. 블로그 관리의 가장 기본적인 순서다. 댓글 하나라도 놓치면 안 된다. 그건 내 집에 온 손님을 모른 체하는 것과 같다. 한 번도 만난 적 없는 익명의 손님이라도 마찬가지다. 그분이 내 글에 댓글을 달고 내가 답글을 다는 순간 나는 그분과 통성명을 하는 것이다. 통성명을 한다는 것은 환영한다는 뜻이다. 그러므로 댓글과 답글은 현실의 만남에서 맨 먼저 하는 악수의 의미도 된다.

카톡방에 개인적으로 오는 메시지는 누구나 답글을 단다. 1:1의 메시지는 나를 특정한 대화 요청이기 때문이다. 답글을 안 보내면 요즘 말로 씹는다고 한다. 그만큼 기분 나쁘다는 뜻이다. 인간관계가 깨질 수도 있다. 연인 사이라면 이별의 빌미를 제공한다. 반면에 따뜻한 답글은 인간관계를 더욱 돈독하게 만들어 준다. 연인 사이를 더 가깝게 만들어 준다. 부부간에도 마찬가지다.

"꽃 피고 잎 푸르니 가슴이 설렌데이!"

"미쳤나."

오늘 아침 사무실 앞 평상에서 이웃이 보여준 카톡이다. 위는 부인에게 보낸 메시지, 아래는 부인이 보낸 답장이란다. 이웃의 겸연쩍은 웃음이 몹시 허허롭다. 또래 경상도 부부의 일상적인 대화로 치부하기엔 내 마음도 허허롭다. "당신 감성이 아직 살아있어서 좋데이." 이런 답글이었으면 얼마나 좋을까. 남한테는 좋은 말 다 하면서 정작 부부간에는 왜 이렇게 정나미 떨어지게 해야 하나. 남편이 저 정도 메시지를 보낼 정도라면 부부간에 무슨 말 못 할 나쁜 사정이 있는 것으로 보이지도 않는데 말이다. 어쩌면 습관이 아닐까. 그냥 대수롭지 않게 툭 던져 버리는. 아니면 요즘 우스갯말로, 부인에게 카톡 보내는 남편은 간 큰 남자다. 뭐 이런 건가.

그런가 하면, 카톡이 연인들 이별의 다리가 되어 주기도 한다.

"오빠. 우리 인제 그만 만나자. 나 이제 싫어졌거든."

"그래? 그라마 치아뿌자 고마. 나도 니가 완전 질리거든."

만약에, 오빠가 애틋한 말로 "나는 니 없이는 하루도 몬 산데이." 이렇게 답을 보냈으면 어찌 됐을까. 카톡은 이별의 다리가 되기도 하고, 만남의 다리가 되기도 한다.

요즘은 단체 카톡방이 많이 있다. 모임마다 유행처럼 개설한다. 덕분에 인터넷 카페는 소통의 뒷전에 밀려났다. 우리 동기들 카페도 단체 카톡방 개설 이후 유명무실해졌다. 단체 카톡방에서 뭐든지 다 해결한다. 경조사는 물론 어디 놀러 가기 자랑하기 각종 최신

정보 등등. 여기서도 답글은 매우 중요하다. 글과 사진을 올리는 사람이 있으면 답글로써 받아주는 사람이 있어야 단체 카톡방이 제대로 돌아간다. 그럴수록 그 모임은 원활해지고 친목이 돈독해진다. 디지털 시대에 에헴~ 하고 뒷짐 지고 손가락 운동 안 하는 사람은 대접 못 받는다. 자기가 무슨 얼어 죽을 양반이라고.

세계화를 앞당긴 일등 공신은 인터넷과 카톡이라 생각한다. 비싼 전화료를 물면서 카톡만큼 자주 전화할 수 있는 사람은 재벌밖에 없다. 우리 동기들 카톡방에 캐나다 이민 간 친구도 매일 들어온다. 내 블로그에 중국에서 댓글을 다는 사람도 있다. 내가 답글을 달아줌으로써 중국의 그분과 소통이 된다. 더 친해지면 카톡으로 건너가서 대화를 본격적으로 트기도 한다.

나는 요즘 댓글의 중요성을 누구보다도 체감한다. 오히려 본문보다 댓글이 더 중요하다고 느낄 때도 많다. 댓글에도 톡톡 튀는 정보가 넘쳐난다. 그런 측면에서 내 블로그에서는 비밀 댓글을 못 달게 한다. 비밀 댓글은 타인에게 소외감을 느끼게 하고, 댓글에도 소중한 정보가 있음에, 정보는 공유해야 하기 때문이다. 댓글에 대한 답글을 하나하나 정성스럽게 달려고 애쓰고 있다. 그것이 그 사람과의 소중한 관계이자 소통이자 존중이기 때문이다.

디지털 시대. 댓글과 답글은 소중한 소통의 다리다. 그러나 자칫 다리를 잘못 연결하면 끊어지기 쉽다. 직접 대면하고 대화하는 것보다 쉬워 보이지만 결코 그렇지만은 않다. 서로가 노력해야 한다. 과학이 준 선물이 인류에게 행복의 다리가 되었으면 한다. (2019. 5. 1)

블로그는 나의 은인

지팡이 짚으신 어르신들만이 느릿느릿 오가는 풍경. 낡은 간판이 말해주는 오래된 구멍가게와 기름 짜는 작은 소매상. 구불구불 이어지는 어두컴컴한 골목. 기름보일러가 대부분인 오래되고 낡은 단독주택. 음식물 쓰레기통을 뒤지다 화들짝 놀라 도망가는 고양이들. 재개발한다고 내보낸 텅 빈 가게마다 셔터가 내려져 있던 곳. 다 찌그러져 가는 도심 속 촌 동네의 모습이었다.

나는 아무도 거들떠보지 않던 그곳에서 공인중개사 사무소를 차리고 인생 2막을 시작했다. 돌아보니 10년 전이건만 세월이 한순간에 지나간 듯 어제 같다. 온종일 사무실 문 열고 앉아 있어도, 개미 새끼 한 마리 안 왔다. 기존 공인중개사들은 큰길가 번쩍인 상가에 보란 듯 줄줄이 사무실을 차리고 폼 나게 앉아 있었다.

그들에 비하면 나는 초보 중의 초보였고 비주류 중의 비주류였다. 눈에 띄지도 않는 어설프기 짝이 없는 뒷골목 사무실이라, 아파트 분양회사에서 홍보를 위해 순회 방문할 때도 내 사무실은 아예 빼먹었다. 무슨 회會니 하는 동종업계의 모임에는 명함을 내밀 처지도 못 됐다. 가입하라고 권하는 사람도 없었다.

굳이 뒷골목에서 시작해야 하는 이유가 있었다. 당시의 내 사정이 그랬다. 그렇게 나는 맨땅에 헤딩했다. 그것도 날고 기는 선수들만 있다는 대구 일 번지 범어동에서다. 6개월을 그렇게 눈이 빠지도록 방문객을 기다리기만 했다. 사무실 문을 닫으면 큰일 나는 줄로 알았다. 평생 몸에 밴 직장생활의 습관이었다.

그러나 그게 나에게는 오히려 약이 되었다. 나쁜 현상을 그대로 받아들이면 독이 되지만, 그것을 타파하려고 노력한다면 약이 될 수 있다. 목 좋은 자리에 비싼 월세 주고 사무실 차려서 오는 손님 척척 받아 영업을 시작했다면, 나도 어쩔 수 없이 편하게 10년을 안주했을 뻔했다. 그리고 평범한 그저 그런 공인중개사로 남았을 거다.

지금 다시 돌이켜 봐도 뒷골목에서 사업을 시작한 것이 얼마나 다행인지 모른다. 그렇게 사무실만 지키던 6개월이 흐른 다음에 다시 마음을 다잡았다. 조직 생활의 때를 완전히 벗어던져 버렸다. 뒷골목에 앉은 죄로 물건도 안 들어오니, 나 스스로 물건을 찾아다닐 수밖에 없었다. 막다른 골목에 선 나에게 퇴로는 없었다.

아침에 자전거로 출근하자마자 머리 감고 옷 갈아입고, 다시 사무실 문을 잠그고 자전거에 올라탔다. 자전거를 타고 지나치는 큰길가 공인중개사 사무실은 대부분 출근 전이라 문이 잠겼다. 내가

제일 먼저 움직였다. 일찍 나는 새가 먹이를 찾는다. 내 마음대로 문을 잠그고 다녀도 아무도 오지 않는 사무실이라는 게 오히려 다행이었다.

그것은 위치적 단점을 장점으로 만들어가는 순간이었다. 아마도 대구 시내 부동산 사무실 중에 내 사무실이 제일 자주 문이 잠겨 있었으리라 생각한다. 자전거를 타고 대구은행 사거리를 지나 수성교를 넘고 반월당까지 샅샅이 돌면서 건물마다 집마다 붙은 임대 현수막을 빠짐없이 메모했다. 사무실에서 전화로 확인하고 블로그에 올렸다. 당시에는 아무도 안 하던 블로그를 적극적으로 시작했다.

남들은 좋은 배 타고 목 좋은 바다에 나가서 편하게 낚싯대 드리우는데, 나는 배가 없어 백사장에 홀로 텐트 쳐놓고 맨몸으로 바다에 뛰어들어 쉴 틈 없이 잠수했다. 드물게 잡히는 고기는 바로바로 블로그에 올려 팔았다. 그렇게 맨몸으로 잠수하다 보니 어느 순간 바다 밑에 뭔가 심상찮은 움직임이 보이기 시작했다.

2010년 가을 즈음이었다. 한 마리 두 마리 겨우 보이던 물고기가 세 마리 네 마리로 늘어나더니, 전에 없이 조금씩 북적거리기 시작했다. 오랜 세월 침체되었던 대구 아파트 시장이 물밑에서 서서히 꿈틀댄다는 걸 감지했다. 내가 출입하던 某 아파트 미분양 물량이 팔려나가는 속도가 점점 늘어나기 시작했다. 아직은 미미해서 내 눈에만 보였다. 하지만 확실한 회복의 증표였다. 물밑에서 일어나는 움직임이었으므로 좋은 배를 탄 낚시꾼들은 볼 수 없었다. 맨몸으로 잠수한 나에게만 보이는 움직임이었다.

아니나 다를까, 2011년 여름이 되면서 5년 만에 대구에 아파트 분양이 다시 시작되었다. 내 짐작이 맞았다. 도심 곳곳에 미분양이 많이 쌓여 있어서 신규분양은 엄두를 못 냈고, 분양하는 사람도 분양받을 사람도 방향을 못 잡고 있을 시기였다. 나는 과감하게 결단을 내렸다. 물 밑의 움직임을 보고 확실한 느낌을 받았기 때문이었다. 그때부터 모델하우스마다 발이 닳도록 다녔다. 내 사무실은 늘 문이 잠겨 있었다. 뒷골목 사무실이었기 때문에 가능한 일이었다.

텅 빈 삭막한 사무실에는 갑티슈가 쌓이기 시작했다. 아파트 분양 안내장이 쌓이기 시작했다. 만나는 고객마다 확신을 가지고 분양에 긍정적인 상담을 했다. 공격적이었다고 표현하는 것이 더 정확하다. 다른 부동산 사무실에서는 대부분 부정적인 기류였다. 나 홀로 공격적이었다. 무조건 분양받으라고 말하고 다녔다. 미분양단지 할인 분양도 적극적으로 뛰어들었다. 그날그날 일어난 사항을 무조건 블로그에 올리고 퇴근했다.

내가 가장 자신 있게 할 수 있는 건 블로그에 글을 올리는 일이었다. 처음에 백 명 이백 명의 이웃이 시간이 흐르며 천 명이 되고 이천 명이 되면서 블로그를 보고 찾아오는 손님들이 늘어나기 시작했다. 아파트에 관한 질문에 답하는 과정에서 나오는 문제들을 무조건 블로그에 글로 표현했다. 꾸미지 않고 있는 그대로 썼다. 진솔함이 고객들에게 호응을 얻었다. 어디에도 치우치지 않는 객관적이고 바른 정보를 주려고 애를 썼다. 그렇게 모인 글들은 5년이 지

난 2015년에 '아파트 아는 만큼 내 집 된다'라는 책으로 엮어져 시중에 나왔다. 교보문고 대구점에서 베스트셀러가 되었고 전국 도서관에 배부되어 읽혔다. 2쇄에 이어 개정증보판까지 나왔다. 예정에도 없었던 작가가 된 것이다.

사무실은 뒷골목이지만, 블로그 글은 인터넷을 통하여 전국 각지로 뻗어 나갔다. 이제 이웃이 칠천 명의 다 돼가는 대형 블로그가 되었다. 내 글을 올리면 순식간에 조회 수가 천 명이 넘어간다. 인기 있는 아파트 분양단지 분석에 관한 글은 만 명도 넘어간다. 10년 동안 매일매일 쌓인 결과물이다. 블로그는 내 인생의 든든한 버팀목이 되어 주었다.

나는 당당히 일어섰다. 이제 새로운 세상이 보인다. 내 눈에만 보이는 세상이다. 나쁜 조건으로 둘러싸인 어려운 현실을, 오히려 전화위복으로 삼고 이겨내는 사람에게만 보이는 세상이다. 변방에 있다고 자학하지 말자. 비주류라고 기죽고 절망하지 말자. 당장에는 힘들지만 멀리 보고 이겨내면, 그 자체가 아무도 넘보지 못하는 커다란 자산이 된다.

내가 처음부터 많은 걸 가지고 시작했다면, 블로그를 하지도 않았을 것이다. 소재도 없었을 것이다. 그러므로 글을 쓰지도 않았을 것이다. 맨주먹이었기에 죽으라고 글을 쓸 수밖에 없었다. 많은 걸 움켜쥔 주먹으로는 연필을 잡을 수 없기 때문이었다. 요즘은 수필을 배운다. '어려움을 어떻게 뚫고 나갔느냐.'를 있는 그대로 쓰니 이 또한 좋은 글이 된다.

(2019. 9. 4)

수필 교실 배식 스케치

목요일 저녁 수필 교실에서는 1교시 후에 간식을 먹는다. 저녁 먹고 오기 어중간한 시간이라 모두 이것으로 저녁을 대신한다. 김밥 송편 과일로 충분한 요기가 된다. 여럿이 둘러서서 김밥 먹는 재미가 쏠쏠하다. 역시 먹는 것은 빠질 수 없는 낙이다. 어떤 선생은 김밥 먹는 재미로 수필 교실에 오신단다. 자연스럽게 교류의 장場이 된다. 배식도 기수별로 돌아가며 한다. 이번 학기는 우리 기수가 배식 당번이다.

배달된 음식을 책상 위에 종류별로 진열하고 한 사람씩 배식을 담당한다. 주 메뉴인 김밥을 제일 먼저 나누어 준다. 김밥 담당이 제일 좋은 보직이다. 군대에 가면 어떤 보직을 맡느냐에 따라 운명이 달라진다. 인자하신 이정순 선생이 김밥 자리를 담당한다. 여선생 중에 맏언니로서 배식 통솔도 같이 한다.

김밥 배식이 제일 좋은 보직인 이유가 있다. 김밥 한 줄 한 줄 따로 은박지에 싸서 배달되기 때문이다. 가만히 서서 하나씩 집어 접시에 올리면 그만이다. 김밥 담당은 늘 여유만만하다. 사람들에게 감사의 인사도 제일 많이 받는다. 맨 앞에서 맨 먼저 배식하고, 주 메뉴이기 때문이다. 배식을 다 하고도 남으면 다음날 아침까지 해결한다.

송편 배식은 가늠을 잘해야 한다. 두 개씩 주다가 세 개씩 주다가 하면 나중에 모자라기도 한다. 김밥보다 송편을 더 좋아하는 사람이 보채면 할 수 없이 네 개도 준다. 모자라도 욕먹고 남아도 욕먹는다. 김밥보다 인기가 없어 인사도 덜 받는다. 여자 중에 막내인 이윤영 선생이 맡았다. 나이가 적은 죄로 제법 어려운 보직을 맡았다. 하지만 그리 안쓰러워할 일은 아니다. 건강하고 튼실해서 든든하기 때문이다.

과일로는 귤과 토마토가 번갈아 배달된다. 과일 배식도 장난이 아니다. 귤을 두 개씩 주면 모자라고 한 개씩 주면 남는다. 두 개씩 주다가 수업에 들어 온 사람이 많으면 모자란다. 남들 다 받아 가는 과일 자기만 안 받아 가면 기분 나빠서 다음 수업에 안 나온다. 배식할 때마다 머리가 아프다. 여자처럼 마음씨 곱고 어진 정후용 선생이 맡았다. 자진해서 하는 일이다. 아무도 강제하지 않았으니 억울할 건 없다.

과일 나누어 주는 정 선생은 마음이 여려 거절을 못 한다. 예쁜 여선생이 하나 더 달라고 하면 덥석 집어준다. 그럴 땐 손이 먼저 움직인다. 자제하라는 머리의 명령을 거부한다. 어쩔 수 없다. 예쁘게 생긴 선생이 죄인이다. 친한 선생이 오면 세 개씩도 집어 준다. 내가 볼 땐 기준도 없다. 마음 내키는 대로다. 옆에서 지켜보면 어려운 보직을 맡은 이유가 보인다.

물장사는 강벽규 선생이 한다. 제일 힘들고 어렵다. 옛날에 궁중에서도 무수리라는 궁녀가 제일 천한 대접을 받았다. 일찍 나와 물을 떠 온수통에 채워야 한다. 녹차 열여섯 개를 묶어 물통에 집어넣고 물 온도를 수시로 체크해야 한다. 사람들이 김밥 송편 귤을 담은 접시를 한 손에 들고, 다른 한 손으로 물을 집다가 잘못하면 엎지를 수도 있다. 그래서 물을 너무 많이 담아도 안 되고 적게 담아도 안 된다.

강벽규 선생이니까 물장사를 하는 거다. 곱상하게 생긴 얼굴은 흡사 새색시 같다. 말도 야들야들하게 얼마나 부드럽게 하는지 듣는 사람이 살살 녹는다. 겉으로는 한없이 부드럽고 속은 비단결처럼 따뜻하다. 마담으로서는 안성맞춤이다. 전직에서의 계급장도 다 떼버리고 마음을 비운 자세는 더욱 아름답다.

물장사 아무나 하는 거 아니다. 다른 배식과 달리 돈도 안 된다. 남는 거 챙겨갈 수 없기 때문이다.

나는 물장사 보조 겸 기도 담당이다. 목사님이 기도하는 거를 말하는 게 아니다. 일종의 경호라고 보면 되겠다. 종이컵을 재빨리 온수통 꼭지에 대기시키고 한 눈으로는 사방을 경계하는 임무다. 혹시라도 김밥이나 송편 더 달라고 행패 부리는 선생이 있으면 안 되기 때문이다. 다행히 우리 수필 교실 선생들은 선하고 착해서 여태 불미스러운 일은 없었다. 아마도 기도 덕택이지 않을까 자찬한다.

배식대에서 별 대접도 못 받는 아웃사이더인 기도를 자처하는 이유가 있다. 나 보고 인상이 강하단다. 내가 김밥을 나눠주면 밥맛이 떨어진단다. 어느 선생은 나를 처음 봤을 때, 저런 사람은 지성인이 오는 수필 교실에 어울리지 않는다고 했단다. 아마도 깡패 출신이 아닐까 짐작했단다. 미안하지만 나는 절대 깡패가 아니다. 속은 솜사탕처럼 부드럽다. 감성은 누구보다도 풍부하다. 나는 여리고 약한 남자다.

학교 다닐 때 선생님이 공부 잘하는 아이들을 골라 기도를 시켰다. 그때는 기도를 선도라고 하고 완장도 찼다. 공부도 못하고 행실도 나쁜 아이들을 선도시키면 누가 말을 듣겠나. 참고로 어릴 때부터 나는 기도 담당이었다. 공부 잘했다고 일부러 자랑하는 건 절대로 아니다. 어디까지나 선도를 했다는 걸 강조하고 싶을 뿐이다. 기도도 보조가 있다. 제일 젊은 박래하 선생님이 기도 보조다. 늘 내 뒤에 서 계신다.

김현미 선생은 일찍부터 나와 책상에 걸레질을 하고 궂은일을 마다치 않는다. 표 나지 않게 알아서 잘하는 폼이 학교 다닐 때 모범생이었음이 틀림없다. 우리 기수가 아닌 선배지만 일찍 와서 도움 주시는 선생님이 계신다. 역시 제일 젊은 김재욱 선생님이시다. 일회용 접시를 곱게 비닐에 넣는 일을 하신다. 접시를 재활용하기 위해서다. 이 일은 넘보면 안 된다. 소송도 불사하시겠다니 잘못 껄떡거리다간 쇠고랑 찬다.

이렇게 원활하게 돌아가게 되기까지 나름의 연출이 있었다. 연출은 우리 기수 회장인 정진한 선생이 맡았다. 명색이 연출이 있으면 조연출도 있어야 한다. 조연출은 이재규 선생이다. 거기다가 비정규직도 있다. 한동락 이연희 박미혜 선생이다. 우리 기수가 배식 당번을 해야 할 날도 얼마 안 남았다. 그래서 비정규직 세 분이 정규직이 되기는 틀렸다. 마음이 아프다.

일부러 웃는다거나 미소를 띈 얼굴을 하는 거는 나와 거리가 멀다. 마음대로 안 되는 벽이다. 여태 이 거대한 벽을 넘어 본적이 없다. 지금은 아예 포기하고 산다. 그러고 나니 오히려 편하다. 나의 최대 단점이다. 속은 부드럽다고 속을 까뒤집어 보일 수만 있다면 얼마나 좋을까. 남의 눈에 그리 강하게 보인다면 그런 거다. 인물

사진을 찍지 않는다. 단체사진 찍을 때가 제일 싫다. 자연을 찍는 걸 좋아한다. 자연에는 벽이 없다. 자연은 모든 걸 보듬어 준다.

(2019. 11. 29)

경비원 서씨氏 이야기

인간은 직장에 다니면서 살아야 한다. 평생 조직에서 일하며 조직과 운명을 같이해야 한다. 이것이 어릴 때부터 가슴 깊이 박힌 나의 생각이었다. 옛 어른들께서도 '한 우물을 파야 한다'라고 가르쳤다. 베이비부머인 우리 또래 삶의 기준이었다고 해도 과언이 아니다. 하지만 누구나 원하는 대로 살아지지 않는다. 이런저런 사유로 직장에서 이탈되는 순간 조직에서의 모든 기득권은 순식간에 사라진다. 좌절의 세월을 겪게 된다. 그 기간이 긴 사람도 있고 짧은 사람도 있다. 나는 아주 길었다.

조직의 미련을 버리는 데 많은 시간이 걸렸다. 사농공상士農工商이라는 유교적 관념과 몸에 밴 보수적 기질도 한몫했다. 체질적으로 내 사업을 할 엄두를 내지 못한 탓이기도 하다. 그러다 어느 시점이 되면서, 사람은 환경의 변화에 따라 본능적으로 적응하게 된

다는 것을 몸소 체험하게 되었다.

오십대 중반이라는 적지 않은 나이에, 내 사업을 해 보겠다고 사무실을 얻으러 다녔다. 막상 마음먹고 나니 어디서 그런 의욕이 나왔는지, 나도 모르게 삶의 의지가 샘솟듯 했다. 밥 먹을 시간이 아까울 정도로 돌아다녔다. 자전거를 타고 골목골목을 다녀 봐도 마땅한 사무실을 찾기가 힘들었다. 그렇게 눈에 많이 띄던 임대 현수막도, 막상 내가 찾으려니 어디에 사라졌는지 없었다. 사실은, 자금 여력에 맞는 사무실을 얻어야 하는 이유가 제일 컸다. 사무실 차리고 일하는 사람들이 존경스러웠다.

나는 맨땅에 헤딩해야 했다. 임대료 싼 뒷골목을 찾아다닌 이유였다. 큰 도로변 월세 비싼 사무실은 엄두를 못 냈다. 구구절절 사정 이야길 다 하려면 온종일 걸리므로 이 정도만 한다. 범어네거리 뒤쪽에 재개발 추진으로 인하여 오랫동안 방치된 사무실이 있었다. 재개발이 지지부진하면서 다시 하나둘 임대 놓기 시작한 골목이었다. 빈집이 많고 노인들만 듬성듬성 사는 동네였다. 3년 동안이나 셔터가 내려져 있었던 상가주택 1층을 얻었다. 내가 오히려 임대료를 받아야 할 형편의 폐가였다.

셔터를 올리고 첫발을 들여놓을 때의 기억이 아직도 생생하다. 송아지만 한 쥐 두 마리와 새끼 쥐들이 후다닥 도망가는 장면이었다. 내가 더 놀라서 고함을 질렀다. 그렇게 쥐들과의 인연이 시작되었다. 쥐들은 그 집의 토박이고 나는 객客이었다. 내가 쥐들의 아지트에 침범한 셈이었다. 어찌 보면 내가 쥐들의 가정파괴범일지도 모른다. 지금부터 그들을 서생원이라 불러줌으로써 미안함을 조금이나마 덜어볼까 한다.

기왕에 가정파괴범이 되었으니 본격적으로 서생원의 아지트를 점거하고 그들을 쫓아냈다. 졸지에 갈 곳 잃은 서생원 가족은 원망 가득한 눈빛을 남기고 잡풀 가득한 뒷마당으로 물러났다. 아직도 원망 섞인 그들의 눈빛이 잊히지 않는다. 이 글을 쓰면서도 미안하다. 가정파괴범 주제에 뭐가 잘났다고 그걸 소재로 수필까지나 쓴단 말인가. 그 대신 단 한 마리도 해코지하지는 않았음에 위안 삼는다.

재개발한다고 미장원을 내보내고 3년이나 방치된 공간엔 먼지가 산을 이루고 있었다. 납작한 삽으로 먼지와 서생원이 남긴 선물을 온종일 홀로 치웠다. 이튿날부터 일사천리로 도배를 하고 집기를 들이고 간판을 달고 영업을 시작했다. 개업이고 뭐고 없었다. 동네 사람들이나 주변 동일 업종 종사자들의 부정적인 시선을 받아 가면서도 꿋꿋하게 내 갈 길을 갔다. 새벽에 출근하여 밤중에 퇴근했다. 자전거가 유일한 친구였고 자전거 출퇴근만이 유일한 낙이었다.

막상 시작하고 보니, 생전 처음으로 나만의 공간이 생겼다는 게 신기했다. 여태 허송세월한 기간이 너무 아쉬웠다. 직장생활에서 못 느꼈던 희열이 느껴졌다. 무엇보다 상사가 없어서 좋았다. 부하 직원이 없는 게 좋다는 생각이 들었던 것은 전혀 뜻밖이었다. 예상 밖의 새로운 세상이었다. 조직 생활이 아닌 나 홀로 자영업 세계의

첫 느낌은 그러했다. 누구한테도 책임질 일이 없어서 좋았다.

다음 날 출근하니 퇴근할 때는 없었던 선물이 책상 위에 놓여있었다. 서생원이 남겨 놓은 자그마한 증오의 선물이었다. 별로 기분 좋지 않은 선물이었지만, 서생원으로서는 그거밖에 줄 선물이 없다는 생각이 들어 그냥 넘어갔다. 그다음 날도 어김없이 똑같은 선물이 놓여있었다. 가정파괴범에 대한 서생원 나름의 앙갚음으로 생각되기도 했다.

여러 날이 지나도 선물은 그치지 않았다. 밤마다 불쾌한 선물을 남기고 가는 서생원이 미워지기 시작했다. 출근할 때마다 화가 났다. 어디다 하소연할 데도 없었다. 그러던 어느 날, 화를 내면 낼수록 나만 손해라는 생각이 들었다. 현상을 받아들이는 것이 최선이라는 생각이 들면서 마음을 고쳐먹기 시작했다. 그때부터 서생원과 친구 하기로 마음을 먹었다.

나 홀로 사업이므로, 나는 사장이고 직원이었다. 신경 쓰이는 조직이 없어서 마음은 한없이 편했다. 하지만 외로움이 밀려오기 시작했다. 기왕 친구 삼기로 한 김에 한술 더 떠서, 이참에 서생원을 경비원이라 생각하기로 마음먹었다. 그렇게 마음먹고 나니 속이 편했다. 세상사 마음먹기에 달렸다는 말이 실감 났다. 그때부터 호칭을 달리했다. 경비원은 통상 성姓 뒤에 씨氏를 붙여 부른다. 경비원이 되었으니 '서씨'라고 부르기 시작했다. 호칭이라는 것이 묘하여, '서씨'라고 부르기 시작하고부터 진짜로 직원을 채용한 기분이 들었다.

서씨는 밤에만 근무했다. 낮엔 내가 근무하므로 경비가 필요 없었다. 대신 낮에도 출타할 일이 있으면 서씨가 자리를 지켰다. 퇴근하자마자 어김없이 서씨가 출근했다. 하루도 빠짐없이 365일 개근했다. 서로 엇갈려 출퇴근하기 때문에 절대 얼굴을 마주치는 일이 없었다. 내가 출근하여 문 여는 소리가 나면 서씨는 총알같이 퇴근해버리고 없었다. 내가 퇴근하면서 문을 잠그면 서씨가 소리 없이 출근하였다. 그게 오히려 편했다. 그렇게 날마다 기계적으로 교대가 되었다. 지금 생각해 봐도 굉장히 과학적인 근무 교대 방식이었다. 서씨와 나는 서로를 배려하며 재미있게 2교대 근무를 했다.

서씨는 덩치가 작아서 주로 내 책상 위에서 근무했다. 의자에 앉아서는 밖이 보이지 않고, 시야가 좁아지면 경비에 지장이 있기 때문이었다. 어느 날 아침에 출근하여 책상에 앉아서 무심코 보니, 서씨가 컴퓨터 자판기를 두드린 흔적이 남아 있었다. 서씨 발자국이 틀림없었다. 서씨가 컴퓨터도 어느 정도 다룰 줄 안다는 생각이 들었다. 그날 저녁부터 퇴근할 때는 반드시 컴퓨터 전원 코드를 빼버렸다. 혹시나 전원까지 켤까 봐 걱정되어서였다. 서씨가 밤새도록 게임을 한다고 경비에 소홀하면 안 되기 때문이었다. '스님이 고기 맛 알면 법당에 파리 남아나지 않는다.'라는 속담도 있지 않은가.

서씨는 밤새 경비 선다고 무료했을 것이다. 내가 먹다 남겨 둔 귤을 까먹고 땅콩도 까먹고 껍질만 남겨 놓은 걸 보면 알 수 있었다. 그래도 이 친구가 양반 태생인지 몰라도, 경비 직책을 맡고부터는 반드시 뒷마당 자기 집 화장실에서 볼일을 봤다. 사무실에 볼일

본 흔적이 없었기 때문에 알 수 있었다. 월급을 한 푼도 안 줘도 불만이 없었다. 그저 야간에 경비원을 시켜주는 것만으로도 감지덕지 만족했다. 몸이 아파 결근할 때는 반드시 친구를 대타로 보냈다. 책임감이 투철하고 착하기 그지없었다.

서씨 덕분에 나는 퇴근 후 편히 쉴 수가 있었다. 사람이라면 절대 그렇게까지 철저한 책임감으로 근무하지 못한다. 4년 전 지금의 사무실로 이사를 오면서 서씨와 헤어졌다. 지금도 가끔 서씨가 그리울 때가 있다. 아무도 거들떠보지 않았던 시절, 내가 너무 어려울 때 내 곁을 지켜준 유일한 친구였기 때문이다. 서씨 덕분에 나는 당당하게 일어섰다. 사람에 지쳐 외롭고 고독할 때면 더욱 생각난다.

(2019. 9. 2)

뒷산 바위집 할매

"할배! 이거 누가 팠는기요?"

"몰라~"

"할배! 이거 어떻게 팠는기요?"

"몰라~"

"할배! 이 할매는 우산도 필요 없겠심더."

"그럼~"

할아버지 귀에 고사리손을 모으고 크게 외친다. 할아버지는 귀가 약간 먹어서 큰 소리로 말씀드려야 들리시기 때문이다.

나는 열 살이었던 1964년으로 돌아가 있다. 할아버지의 어깨에는 직사각형의 납작한 상자가 메여 있다. 할머니가 정성껏 담은 묘사 음식이 칸칸이 담겨있다. 경주 남산 정상 부근의 증조할머니 산소에 묘사를 제일 먼저 지내고, 능선을 따라 경주 시내 방향으로

길게 내리다가 고조할아버지 고조할머니 합장산소까지 거치고 오는 길이다.

주능선이 거의 끝나가면서 잦아들 무렵, 우측으로 살짝 틀어 야트막하게 뻗은 지능선으로 접어들어야 남산에서는 마지막으로 묘사를 지낼 증조할아버지 산소를 만난다. 그 길목 안부鞍部에 있는 커다란 바위 앞에 할아버지와 나는 멈춰 선 것이다. 능선을 등지고 앉은 바위를 앞에서부터 깊게 파고, 그 안에 둥그스름한 얼굴의 사람이 앉은 형상을 만들어 놨다. 바위 뒤에는 대나무숲이 우거져 있고 부근엔 절도 없다.

열 살에 처음으로 할아버지를 따라나섰다. 할아버지의 제일 가까운 친척이 6촌이었는지라 남산에 모신 조상님들의 묘사는 늘 혼자 지내셨다. 첫 동행에서 만난 바위집 할매는 나에게 깊은 인상을 남겼다. 저렇게 큰 바위를 어떻게 파냈지? 얼마나 오래 걸렸을까? 누가 그랬을까? 왜 그랬을까? 돌로 쳐서 팠을까? 어린 마음에 신기하고 궁금해서 할아버지께 여쭤본 것이다.

경주 남산 불곡 마애여래좌상(일명 할매부처). 1963년에 정식으로 보물 198호로 등록되었으니, 내가 처음 할매부처를 만나기 직전이었다. 감실부처라고도 한다. 당시에는 안내 간판도 없었고 사람들의 관심도 없었다. 한적한 남산 한 기슭에 숨어있는 바윗덩어리에 불과했다. 그 이후에도 소 풀을 먹이러 뒷산에 오를 때마다 나는 동무들과 할매부처 앞에서 놀기도 하고 숨바꼭질도 하곤 했다. 불장난도 했다. 당시에는 소나무 갈비를 집마다 다 끌어가고 없는 반질반질한 땅이라서 불 날 염려도 없었다. 내가 자란 집은 할매부처 바로 아랫동네다. 우리에게는 '**뒷산 바위집 할매**'로 통했다. 그 앞에서 떠들고 놀아도 잔소리 하나 하지 않는 편하고 만만한 할매였다. 얼굴을 만지고 볼을 쓰다듬어도 미소만 띠었다. 어린 시절의 기억이 아직도 생생하다.

할아버지는 늘 길을 재촉하셨다.

"퍼뜩 내려가자. 묘사 아직 남았다."

세월이 흐르면서 할매부처가 출세를 했다. 7세기 초반에 만들어져 남산에서는 제일 오래된 부처라는 고증이 나왔기 때문이다. 지금으로부터 1400여 년 전이다. 언론을 통하여 알려지기 시작하면서 그 가치를 인정받았다. 사람들도 많이 다녀간다. 큰길에서 300여 미터 정도의 오르기 쉬운 거리도 한몫했다. 첨성대와 동궁과 월지를 둘러보고 조금만 더 시간을 할애하면 다녀갈 수 있다. 특히 새로 복원한 월정교에서도 아주 가깝다.

결혼을 하고 고향을 떠나와서도 할매부처를 한 해도 거르지 않고 만난다. 벌초하러 갈 때는 반드시 거쳐 가는 길목이기 때문이다. 할매부처는 언제 봐도 따뜻하고 포근하다. 잘생기지도 못생기지도 않았다. 나한테는 예나 지금이나 변함없이 수더분한 뒷산 바위집 할매다. 돌멩이로 치고 장난을 걸어도 묵묵히 미소를 짓던 그때 그 할매다. 세련되지 않아서 더 좋다. 순박한 얼굴과 어설픈 자세가 좋다. 앞에 설 때면 언제나 '어서 와!'라고 미소 짓는다. 올해도 할매부처 앞에서 선뜻 떠나지 못하고 상념에 잠긴다.

할매부처 앞을 떠나 증조할아버지 산소로 내려오는 길에, 풍채 좋은 60대 아주머니가 땀을 뻘뻘 흘리며 맨손으로 길섶의 풀을 뽑고 있다. "아주머니, 이 더운데 왜 풀을 뽑으시나요?" 아주머니는 한 치의 망설임도 없이 대답한다. **"부처가 너무 좋아요!"** 갑자기 내 가슴이 찡하고 커다란 울림이 느껴진다. 그렇다. 바로 저 아주머니의 마음속에 부처가 있는 게 아닌가. 할매부처를 완성하기 위해 헤아릴 수 없을 만큼 오르내렸을 신라의 장인도 바로 저런 마음이 아니었을까. 그가 바로 부처가 아닐까. '누가 왜 무엇을 위해 바위를 팠을까?'라고 열 살 때부터 궁금해하던 답을 이제야 찾았다. 꽉 막혔던 머리가 시원하게 뚫리는 기분이다. 진리는 마음속에 있었는데 이유를 다른 데서 찾으려고만 했다.

증조할아버지 산소 벌초를 마치고 도로로 내려오니 남천南川이 잘 정비되어있다. 소쿠리로 고기 잡느라고 다리 둥둥 걷고 맨발로 다니던 추억의 개울이다. 반월성을 휘돌아 서천西川과 합류하여 형산강으로 흘러간다. 그 너머 황금빛으로 물들어 가는 배반排盤들에 우리 논이 있었다. 이맘때면 논에서 피를 뽑으시다가 손주가 가지고 가는 새참을 기다리시던 할아버지가 그립다. 들녘 끝에 보이는 야트막한 산은 낭산狼山이고 선덕여왕릉이 있다.

경주 남산 부처골에는 대문도 담장도 없는 바위집에 온화한 미소를 띤 할매 한 분 앉아계신다. 티가 들어간 손자의 눈을 혓바닥으로 핥아주고, 소 풀 베다가 다친 손가락의 피를 맨입으로 빨아주시던 내 친할머니 같은 할매. 경주 남산에 산재한 수많은 보물 중에 다녀와서도 늘 눈에 아른거리는 보물 하나를 꼽으라면 단연 할매 부처다.

몸은 다시 대구로 왔지만 내 마음은 아직도 60년대 뒷산 바위집 할매 곁에 머물러 있다.

(2019. 8. 25)

할머니와 바늘

어릴 때 나는 약골이었다. 얼굴에 마른버짐이 사라질 날이 없었다. 머리는 수시로 헐어서 고름이 생겼다. 가난하여 밥을 못 먹어서가 아니었다. 입이 유달리 짧아 밥을 잘 안 먹었다. 먹는 양도 적었고 편식을 했다. 머리에 생기는 고름은 할머니가 바늘로 구멍을 뚫고, 무명천으로 꾹 눌러 짜냈다. 그러고 며칠 지나면 딱지가 생기면서 아물었다.

60년대 70년대에는 누구나 그렇듯 우리 집은 할아버지 할머니와 같이 사는 대가족이었다. 어머니보다 할머니 사랑을 더 많이 받고 자랐다. 할머니는 키가 크시고 인자하셨다. 인내심도 강하셔서 어지간한 아픔은 표현하지 않으셨다. 그런 할머니에게 지병이 있었다. 당시에는 병원 가기도 쉽지 않았지만, 가족들도 대수롭지 않게 여겼다.

지병이란 다름 아닌 잘 체하는 현상이었다. 음식을 먹으면 자주 체하여 고생하셨다. 그때마다 할머니는 큰 바늘로 왼손 엄지를 따시곤 하셨다. 할머니 스스로 왼손 엄지에 실을 동여매시고, 바늘을 할머니 머리에 쓱 몇 번 문지르시고는 거침없이 엄지손톱 바로 아래를 찌르셨다. 그러면 새카만 피가 한 방울 톡 솟아올랐다.

바늘로 하는 할머니의 셀프 치료법은 지금도 눈에 생생하게 떠오른다. 나는 할머니 등을 톡톡 두드리며 문질러 드리곤 했다. 할머니는 '꺽' 하는 소리를 내시며 안도의 숨을 '휴~' 하고 내뱉으셨다. 어린 마음에도 바늘이 만병통치약처럼 생각되었다. 이불 홑청이나 떨어진 옷이나 구멍 난 양말을 깁는 바늘이 체한 할머니를 낫게 해주니 신기하고 고마웠다.

바늘 치료법은 할머니뿐만 아니라 우리 온 가족들에게 통했다. 누구든지 체하기만 하면 바늘이 동원되었다. 바늘로 엄지를 찔러 피를 내면 씻은 듯 나았다. 나도 자주 체하였는데 그때마다 할머니가 바늘로 해결해 주셨다. 특히 내 엄지에 나는 피는 할머니가 입으로 거침없이 빨아들였다. 할머니는 다 그런 줄 알았지만 지금 돌이켜 보면 그 사랑은 컸다.

내가 고등학교 다닐 때는 할머니는 더 자주 체하셨다. 가족들도 평소의 지병인 줄로만 알고 별로 신경 안 썼다. 그럴 때마다 바늘로 따고 겨우 견디셨다. 그러다 나중에는 밥도 못 넘길 정도로 악화되었다. 이미 연세가 일흔이 넘으셨으므로 병원 갈 생각을 않으셨다. 견디다 못해 병원에 가셔서 진료를 받았는데, 그때야 위에 큰 병이 생긴 걸 알았다.

연로하셔서 수술이 힘들 수도 있다고 했다. 수술하느냐 마느냐는 가족회의로 결정하라고 했다. 마지막 소원이 될 수도 있으니 수술하기로 했다. 다행히 수술 결과가 좋아서 할머니는 회복하셨다. 건강을 되찾으셨다. 더 체하는 일은 없었다. 그렇게 할머니의 제2의 인생은 시작되었고 백수를 사셨다. 할머니의 장수는 우리 집안의 자랑이 되었다.

내가 체하여 크게 한번 고생한 적이 있었다. 고등학교를 졸업하고 대학시험을 쳐놓고 대기할 때였다. 뭐가 잘못됐는지, 가슴이 답답하여 미칠 지경이었다. 누워서 있을 수도 없을 만큼 답답하였다. 할머니가 바늘로 열 손가락을 다 따도 낫지 않았다. 밤중에도 할머니는 내 등을 두드려주시며 몇 번이나 따 주셨지만, 차도가 없었다.

병원에 가서 진료를 받아 봐도 원인을 모르겠다고 했다. 체한 걸 가지고 원인을 모르겠다는 의사가 답답하게 생각되었다. 친구와 함께 경주 시내 용하다는 집에 찾아가서 처방을 받아도 소용없었다. 답답하여 내가 처음으로 내 엄지손가락을 바늘로 찔러도 보았다. 그렇게 고생 고생하다가 시간이 지나면서 자연스레 괜찮아졌다.

물리적으로 체한 것이 아니고 정신적인 문제가 아니었는가 생각된다. 진학 문제로 예민해져 있을 무렵이었기 때문이었다. 인간의 몸은 정신의 지배를 받는다는 걸 그때 처음 경험했다. 엄지를 바늘로 찌르면 낫는다는 관념보다 진학 때문에 생긴 스트레스가 더 컸기 때문이었을 것이다. 그렇게 보면, 체했을 때의 바늘 요법은 혈액순환을 원활하게 하는 물리적 효과도 있지만, 정신적인 영향도 분명 더해졌을 거라는 생각이다.

할머니에게 바늘은 생활필수품이자 의사였다. 바늘 하나면 안 되는 게 없었다. 심지어 신발도 바늘로 꿰맸다. 옛날에 신던 고무신 말이다. 책가방은 물론이다. 바느질하시던 모습과 엄지를 따시는 모습은 잊으려 해도 잊을 수 없다.

대학 졸업 후 취직을 하고 결혼을 하여 분가를 했다. 아내가 체하기 시작했다. 알고 보니 평소에도 자주 체하였단다. 아내는 바늘로 하는 셀프 치료법에 능했다. 할머니하고 폼이 똑같았다. '꺽' 하는 소리까지 같았다. 할머니에게 하듯 아내의 등을 두드려주곤 했다. 바늘은 손자며느리에게까지 대를 이어 전속 의사 역할을 했다.

요즘은 시집간 딸에게도 전수됐다. 바늘은 없어서는 안 될 필수품이 됐다. 재봉틀이 나오면서 편리하게 옷을 만들면서 바늘은 뒤로 밀렸다. 하지만 재봉틀이 못 하는 역할을 바늘이 하고 있으니, 그 대표적인 것이 바로 체했을 때 하는 바늘 요법이 아닌가. 시대가 변하고 문명의 이기가 생활 곳곳에 스며들어도 전통적인 우리의 도구는 여전히 소중하다.

바늘에는 할머니의 숨결이 배어 있다. 엄지에 콕 찌르기만 해도 몸이 가뿐해지는 요술 방망이다. 할머니의 간절함이 엄지손가락에 전달되어 나를 낫게 해 준 것이다. 그리고 그 정성이 내 몸속에 스며들어있다. 이제 나는 체하지 않는다. 자주 체하면서 고통을 당해 본 사람은 체하지 않는 것이 얼마나 복인지 모른다.

바늘로 전해지는 할머니의 온기는 따뜻하다. (2019. 9. 5)

뿌리

매미 소리 힘을 잃었다. 짝짓기를 위한 마지막 안간힘이다. 생生의 끝을 부여잡고 있다. 가늘게 늘어지는 울음이 애처롭다. 스틱을 찍으면서 한 발 한 발 걸음을 딛는다. 태풍 지나간 계곡엔 물소리가 힘차다. 매미 소리는 물소리에 묻힌다.

포석정을 지나 경주 남산을 오른다. 넓은 일주도로를 따른다. 몇 군데 물이 고인 길은 질퍽하다. 그러다 이내 물기 없는 착잡한 길이 이어진다. 매미 소리는 끊어질 듯 이어질 듯 물소리에 묻혀 따라온다. 길섶의 풀은 생기를 머금었다. 참취꽃이 하얗고 앙증맞다. 이질풀꽃도 빨간 자태를 뽐낸다.

매미는 짝짓기에 성공해야 임무를 다한다. 종족 번식에 대한 본능은 여느 동물과 다름없다. 짝짓기 한 암컷은 알을 낳고, 그 알이 애벌레가 되고, 땅속에서 수년을 살아남고, 때가 되면 우화하여 세상에 나온다. 이렇게 톱니바퀴처럼 돌아가면서 종족을 유지해 나간다.

과정에서 희생이 따르지 않을 수 없다. 수많은 알이 다 부화하여 애벌레가 되지 않고, 수많은 애벌레가 다 우화하여 성충이 되지 않는다. 수많은 매미가 다 짝짓기에 성공하고 생을 마감하지도 못한다. 그러나 분명한 사실은, 오래전부터 매미는 비슷한 수數로 세상에 나와 울고 있다는 것이다.

지금 저 나무 어딘가에 매달려 울고 있는 매미의 뿌리는, 수년 전 짝짓기에 성공한 암컷과 수컷이다. 물론 지금 이 세상에는 없다. 이미 자연으로 돌아가서 흙이 된 지 오래다. 세상 어느 동물이라도 뿌리는 반드시 존재한다. 뿌리 없는 나무가 없듯이.

종족을 보존하고 생을 마감한 모든 동물은 흙으로 돌아간다. 따라서 뿌리는 흙 속에 있다. 아니 뿌리는 바로 흙 그 자체다. 매미의 일생을 보니, 흙에서 나와 흙으로 돌아간다는 말이 실감 난다.

사람이라고 별거던가. 사람도 죽으면 흙으로 돌아간다. 매미와 다름없다. 생명이 없어지면 매미나 사람이나 똑같다. 이미 흙으로 변한 육신에 영혼이라도 존재할까. 과학적으로는 존재하지 않는다. 영혼은 후세에 이동하여 미미하게나마 존재하지 않을까. 아버지는 할아버지를 닮고 나는 아버지를 닮았으니 할아버지의 영혼이 나에게 이어지고 있다는 생각이 든다.

할아버지는 또 열 달을 품어준 어머니를 닮으셨으리라. 그분은 나에게 증조할머니가 되신다. 일주도로를 따라 계속 올라가면 남

산 주능선이 나오면서 길이 금오봉을 향해 우측으로 휘어지는데, 그 옆 봉우리에 증조할머니 산소가 있다. 오늘의 목적지는 바로 거기다.

지금 내 어깨에 멘 배낭엔 낫 두 자루가 있다. 지난주에 가족과 함께 벌초하러 왔으나, 시간이 모자라 증조할머니 산소는 남겨두었고, 내가 책임을 떠맡았다. 위치상 접근에 시간이 오래 걸리는 남산 정상부에 자리한 탓이다.

증조할머니는 내가 태어날 즈음에 돌아가셨으니 얼굴도 모른다. 물론 사진도 없다. 그러나 할아버지 얼굴을 대비해보면 어느 정도 느낌이 온다. 나는 아버지보다 할아버지 얼굴을 많이 빼닮았다. 위로 많이 올라간 이마며 듬성듬성한 수염이 흡사하다. 따라서 나도 증조할머니를 닮았음이 틀림없다.

증조할머니는 나의 뿌리가 분명하다는 생각이 든다. 그전에도 뿌리가 아니라고 생각한 건 아니다. 오늘 새삼스럽게 뿌리의 소중함, 뿌리의 가치, 뿌리의 의미를 되새긴다는 뜻이다. 매년 아무 생각 없이 후딱 벌초만 하고 돌아서던 때와 기분과 느낌이 다르다. 아까 올라오면서, 생이 다하여 힘 잃어가는 매미 소리를 들으면서, 뿌리에 대한 의미를 다시금 되새겼다.

증조할머니는 담벼락 앵두나무에 앵두가 빨갛게 익을 무렵이면, 손수 따서 담 너머 아이들에게 한 움큼씩 나눠 줄 만큼 마음씨가 넓고 고우셨다고 한다. 귀하고 귀한 외동아들인 할아버지를 끔찍하게 아끼고 보듬어 키우셨다고 한다. 할아버지는 그 받은 사랑을 손

주인 나에게 아낌없이 주셨다.

할아버지는 중풍으로 5년을 고생하시다가, 내가 군 제대 열흘을 앞두고 있을 때 하늘로 가셨다. 할아버지는 늘 나에게 판사가 되라고 하셨다. 아직도 그 말씀이 가슴 한쪽에 남아 있다. 귀가 약간 안 들리셔서 크게 말씀드려야 했다. 증조할머니 귀에 대고 말씀하시는 할아버지 모습이 겹쳐져 떠오른다. 바로 눈앞에 두 분의 모습이 잡힐 듯하다.

몇 년 전 산불이 나면서 주변 나무가 타버려서, 햇빛 잘 들어오는 증조할머니 산소엔 잡풀이 우거졌다. 낫 두 개로 오래 정성스럽게 벌초를 했다. 예년과 다른 느낌으로 풀을 베었다. 바짝 마른 고사리가 군데군데 많다. 고사리는 어머니가 좋아하는 나물이다. 시내 나가서 팔면 돈이 되었기 때문이었다. 어머니가 고사리 뜯는 모습도 그려진다.

증조할머니 산소 벌초하러 왔다가 할아버지와 어머니도 만났다. 나의 뿌리는 이렇게 거슬러 올라간다. 이미 흙이 되었지만 뿌리는 분명히 여기 있다. 그거도 그냥 뿌리가 아니다. 어디다 내놔도 튼튼하고 알찬 뿌리다. 나는 그 뿌리를 딛고 세상에 섰다.

(2019. 9. 7)

흑구문학관과 보리

‘온 겨울의 어둠과 추위를 다 이겨내고, 봄의 아지랑이와 따뜻한 햇볕과 무르익은 장미의 그윽한 향기를 온몸에 지니면서, 너, 보리는 이제 모든 고초와 비명悲鳴을 다 마친 듯이 고요히 머리를 숙이고, 성자聖者인 양 기도를 드린다.’

흑구 한세광 선생의 수필 ‘보리’의 한 구절이다. 이 유명한 수필을 그의 문학관에서 처음 읽었다. 문학기행 안내지에 ‘보리’ 전문이 인쇄되어 있었지만, 버스 안에서 읽지 않았던 것이 오히려 다행이었다. 호미곶 한 귀퉁이의 인적 없는 한적한 길가에 한흑구 문학관이 있었다.

30여 명이 한꺼번에 들어가지 못할 정도로 좁았다. 다른 유명 문학관과 규모로만 비교하면 초라하기 짝이 없었다. 그런 면에서 최근에 포항 문인들 사이에서 시내로 옮겨 짓자는 논의가 있었던 모양이다. 하지만, 소박하고 아늑한 분위기는 오히려 내 취향에는 맞았다. 그의 대표작 '보리'의 무대가 된 곳에 문학관이 있다는 데에 더 큰 의미가 있지 않을까. 현대식 건물로 크게 지어 도시로 옮겨 놓으면, 관람객들의 발길이 잦아질지는 몰라도, 호미곶과 보리밭이 주는 정취는 사라지기 때문이다.

올봄에 4대강 자전거 종주의 하나인 금강을 종주하고 나서 만났던 채만식 문학관에서의 감흥이 아직도 생생하게 가슴이 남아 있다. 금강 하구언 언저리에 고즈넉하게 자리한 채만식 문학관은, 금강 종주를 마친 종주꾼들이 자연스럽게 드나들 수 있었다. 땀을 식히면서 찾았던 문학관 내부에 꾸며 놓은 옛날식 작은 온돌방, 앉은뱅이책상 앞에 앉은 채만식 선생은, 글 쓰다가 잠시 중단하고 나를 반갑게 맞이해 주었다. 1박 2일을 자전거로 달려오면서 가슴 시리도록 외로웠는데, 그를 만나자마자 울컥하며 눈물이 핑 돌았다. 군산 도심에 기념관이 자리했다면 그런 감성이 우러났을까. 자연과 어우러진 기념관에서 잔잔하게 흘러나오던 음악은 아직도 귓가에 맴돈다.

흑구문학관의 좁은 공간은 채만식 선생이 앉아있던 좁은 온돌방을 생각나게 했다. 초가집 좁은 온돌방에서 아버지 어머니와 함께 잠자고 엎드려 공부하던 시절의 아련한 추억이 되살아났다. 앉은뱅이책상이나마 하나 있으면 소원이 없겠다고 보챘지만, 끝내 만들어 주지 않으셨던 아버지의 마음도 이제야 이해를 한다. 책상을 들여놓으면 방이 좁아 잠자리가 불편해지기 때문이었으리라. 공부는 마

음먹기에 달렸지, 호롱불 밑에서 엎드려서 한다고 못할 것은 없었다. 추억은 언제나 아름답다.

좁은 공간에서 '보리' 전문을 세 번 읽었다. 한 번으로는 아쉬움이 남았다. 두 번을 읽고 나서는 이런 생각이 들었다. 그가 말하려는 것이 무엇이었을까. 그 시대 민초들의 삶을 보리에 끌어다가 표현하였을까. 아니면 순수하게 보리라는 식물의 일생에 관해서 썼을까. 그러고는 세 번째까지 읽지 않을 수 없게 만들었다. 그의 좁은 기념관에서 읽음으로써 글 속에 그의 숨결이 생생하게 묻어 나왔다.

겨울을 이겨내고 보리가 익어 고개를 숙이는 모양을, 성자인 양 기도를 드린다고 했다. 까칠한 보리를 성자로 승화시켰다. 그분의 내면을 조금이나마 들여다보려고 애써 보지만 내 능력은 여기까지다. 몇 번을 다시 읽게 만드는 글을 오랜만에 만났다. 요즘 수필의 천편일률적인 시시콜콜한 가정사는 어느 한 구절에도 없었다. 그저 보리로만 글을 완성했을 뿐이었다. 선생이 이 글을 쓸 때 보리 외에는 아무런 생각도 않으셨을 것이다. 톡 쏘는 사이다를 마신 기분이었다. 이런 수필이 제일 좋은 수필 선생이라는 생각이 들었다. 나는 너무 많이 모자란다는 생각과 더 열심히 공부해야겠다는 다짐을 하게 만들었다.

자연은 자연 그대로 표현하면 된다고 생각한다. 자연에다가 인위적인 덧칠을 하고 인간의 생각을 집어넣어야 메시지가 되고 좋은 글이 되는가. 수필 공부를 하면서 내가 제일 갈등을 많이 느끼는 부분이다. 자연을 자연 그대로 표현하고 자연 그대로 그리면, 그 자체가 제일 아름다운 글이 아닐까. 수필 교실에 들어와서 예전의 감성이 자꾸 사라져가는 느낌이 든다. 다시 순수하던 초심으로 돌아가야 하겠다. 나 홀로 첩첩산중에서 멧돼지를 만나고 비닐 하나 덮고 밤을 지새우던 그때로 돌아가야겠다.

호미곶은 호미기맥虎尾岐脈을 종주하고 난 뒤 만난 모습이 제일 인상적이었다. 울산 언양에 위치한 낙동정맥 백운산에서 뻗어나와 호미곶까지 이르는 100㎞의 마루금이 호랑이 꼬리인 호미기맥이다. 따라서 호미기맥은 호랑이 꼬리를 온전히 밟고 바다로 빠지는 산길이다. 치술령 영지못 괘능 토함산 함월산 조항산으로 이어지며 신라의 역사가 깃든 산줄기이다. 마지막 봉우리인 금오산에서 내려다본 호미곶의 멋진 풍광이 아직도 아련하다. 파란 지붕과 하얀 등대와 풍력발전기의 모습이 눈에 선하다. 마지막 산에서 내려 넓게 펼쳐진 들판을 바라보며 가슴이 탁 트였던 추억이 있다. 그 현장이 바로 보리밭이었다니, 그리고 나는 지금 '보리'라는 수필을 읽었다. 세상 모든 일에는 인연이 있는 것일까.

구룡포로 넘어가는 차창으로 유심히 밖을 내다봤다. 지난 태풍에 누워버린 벼와 둑에 가득한 억새만이 바람에 일렁인다. 혹구 선생은 어디 계신가. 보리는 어디에 숨었는가.

(2019. 10. 5)

길

백두산에서 개척 산행을 한 유명한 선배 산꾼이 있다. 우리나라에선 유일무이하다. 백두산에선 정해진 길을 벗어난 개인적인 산행은 불가하기 때문이다. 그럼 어떻게 개척 산행을 했는가. 조난당했기 때문에 본의 아니게 그런 기록을 세웠다. 산행대장 임무를 맡은 선배가, 일행들을 인솔하여 맨 뒤에 내려오다가, 어느 순간에 홀로 다른 길로 빠져 버렸다. 한 치 앞을 내다볼 수 없는 자욱한 안개 때문이었다. 대장을 잃은 일행들은 기다리다 지쳐 숙소로 갔다. 이튿날, 밤새 한숨도 못 자서 얼굴이 반쪽이 된 부인과 또 한 사람만 남겨두고, 나머지 사람들은 일정에 따라 이동하였다.

그렇게 길을 잘못 들었으면 다시 돌아 나와야 하는데, 이미 그러기는 너무 늦었다. 길은 이미 끊겼고, 안개에 갇혀 어디가 어딘지 분간을 못 하였다. 졸지에 선배 특유의 개척 산행이 시작되었다. 무조건 능선 따라 하산하였다. 능선이 끊기면 계곡을 건너고 다시 능선으로 접어들어 죽을힘을 다해 하산하였다. 길을 못 찾으면 능선을 따라 움직여야 하는 원칙에 따랐다. 긁히고 찔리는 줄도 모르고, 백두산 첩첩산중 원시림에서 무려 15시간이나 처절한 싸움을 한 것이다. 천신만고 끝에 임도를 만나고 라면 봉지를 발견했다. 한자로 쓰인 라면 봉지를 움켜쥐고 통곡을 했단다. 제일 걱정했던 것이 북한 쪽으로 하산해서 불귀의 객이 될 뻔했으니까.

요즘도 술자리에서, 개척을 좋아하다가 백두산 개척 산행을 했으니 소원을 풀었겠다고 놀린다. 당국에 신고하여 시신이라도 찾을 생각을 하던 부인 앞에 귀신같이 나타났으니, 선배는 두 번 태어나고 두 번 결혼한 셈이다. 아무도 가지 못하던 길을 걸었고, 아무도 경험하지 않은 길을 만들었다.

내가 태어나 처음 산山 맛을 알아 갈 때 지리산 중봉이나 토끼봉 쪽 개척 산행을 선배와 동행한 적이 있었다. 나침반과 지도에만 의지하여 길 없는 비탈을 쳐 올라갈 때가 많았다. 낙엽이 쌓여 무릎까지 푹 빠지면 힘은 몇 배로 들었다. 잡았던 썩은 가지가 부러져서 몸이 나가떨어지기도 했다. 길 없는 곳은 길 있는 곳보다 몇 배나 힘들었다. 그러나 길은 반드시 만났다. 다시 만난 길은 더 없이 귀하고 소중하게 여겨졌다. 길 없는 곳을 고생하며 뚫고 올라왔기 때문이었다. 좋은 길로만 걸어 올랐다면 결코 길이 귀하다는 걸 못 느꼈을 거다.

몇 명이 산행을 하다가, 앞서가던 선배가 갑자기 지름길을 택할 때도 있었다. 그러면 다음 사람이 멋도 모르고 따라 내렸다. 그다음

사람 그다음 사람 차례로. 나만 홀로 좋은 길을 고집하다가는 미아가 된다. 물귀신 작전이었다. 일단 오지의 길 없는 비탈에 접어들면 죽어도 같이 죽고 살아도 같이 살아야 한다. 힘들었다. 하지만 힘든 만큼 보람도 컸다. 길을 찾았다는 기쁨과 동료들과 끈끈함은 더욱 돈독해졌다. 길 없는 길은 많은 것은 깨우쳐 주었다.

아직은 길이 덜 닦였던 시절에, 내가 백두대간을 홀로 종주한 것도, 이때의 개척 산행에서 단련된 정신이 바탕이 됐다. 두타산에서 길을 잘못 들어 첩첩산중을 헤매다가 어둠에 갇혀 조난하고, 119에 구출 요청했다가 출동을 중지시킨 적도 있었다. 이튿날은 반드시 길을 찾을 것이라는 희망을 품었기 때문이었다. 물귀신 작전을 통한 단련이 있었기 때문이었다. 그렇다. 밤이 지나고 어둠이 걷히면 길은 보인다.

지난달에도 동해안 자전거 길 종주 중에, 강원도 묵호 인근에서 길을 잃고 헤맨 적이 있었다. 몇 번을 돌아봐도 자전거 길 표시인 파란 선이 보이지 않았다. 파란 선이 보이지 않으면 불안해진다. 그러나 멀리 봐야 한다. 산에서 길을 잃으면 눈앞의 나무를 보면 안 된다. 멀리 숲을 봐야 한다. 능선을 봐야 한다. 묵호 다음은 정동진이다. 멀리 정동진을 목표로 국도로 접어들어 힘차게 페달을 밟았다. 국도도 길은 길이다. 노선을 벗어났지만 목표 지점은 같다. 어느 순간 다시 파란 선을 만났다. 그렇게 반가울 수가 없었다. 길은 반가운 존재다. 길을 따라가면 길을 잃지 않는다. 길을 잃지 말아야 한다는 건, 길을 잃어 보면, 더 선명하게 머리에 박힌다.

길이 끊어져도, 길이 지워져도, 길을 가야만 하는 사람은 가야 한다. 길을 가지 않으면 포기해야 한다. 포기하는 건 쉽다. 쉬운 길을 택하면 안 된다. 어려운 길일수록 가야 할 가치가 있다. 길은 배신하지 않는다. 먼저 거쳐 간 사람들과 뒤에 갈 사람들에게 길은 아낌없이 자기 등을 내어준다. 길은 신비롭다.

뒤돌아보니, 길을 걷는다는 것은 단순히 걷는 일만은 아니었다. 길을 걷는 것은 나를 살피는 일이었다. 나를 살핀다는 것은 철저히 아픈 일이었다. 백두대간을 하던 그 시점에서 내가 나를 살피지 않으면 안 됐다. 아파도 살펴야 했다. 산길은 그냥 단순히 걷는 길만은 아니었다. 오르고 또 오르고, 그러다가 다시 사정없이 내리고, 다시 오르고. 올라가는 길도 땀을 흘려야 했고, 내려가는 길도 땀을 흘려야 했다. 절벽 앞에서도 길을 만들어가는 법을 배웠다.

자전거 길도 산길과 마찬가지였다. 홀로 끊임없이 페달을 밟아야 했다. 밟는 만큼 갔다. 길은 정확한 보상을 해 줬다. 길을 잃었을 때도 마찬가지였다. 국도로 위험을 무릅쓰고 가다 보면 어느덧 파란 선이 웃으면 반겨 줬다. 길은 과학적이기도 했다. 한 치의 오차도 없었다. 길 자체를 줄이거나 늘릴 수 없었다. 바퀴가 구르는 만큼만 길을 내주었다. 자전거는 나에게 길을 더욱 깊이 알게 해 주었고, 길이 아니면 돌아가는 법도 가르쳐 주었다.

길을 나설 때와 길을 마치고 다시 출발점으로 돌아왔을 때의 마음은 전혀 달라진다. 지난 주말에 제주도 자전거 길 환상環狀 종주를 하고 왔다. 용두암에서 시작하여 해안선을 따라 시계 반대 방

향으로 한 바퀴 도는 형식의 길이다. 용두암에서 출발할 때는 가슴이 떨렸다. 꿈을 찾아 미지의 세계로 가는 기분이었다. 한 바퀴를 온전히 돌고 다시 용두암에 섰을 때는 가슴이 저렸다. 출발할 때 떨리던 가슴이, 마치고 나니까 저리고 아팠다. 돌고 돌아 다시 원점에 선 내 인생길과 같았다.

길은 내 삶과 가치관을 송두리째 바꿔 놨다. 먼 길을 돌고 돌아와서 보니 직진으로 뻗은 길과 다시 만나게 됐다. 하지만, 이전과는 전혀 다른 새로운 길로 나에게 다가왔다. 같은 길이지만 결코 같은 길이 아니었다. 길 하나하나 너무 아름다운 길로 바뀌었다. 꿈의 길이었다. 길에 대해 겸손한 마음도 가질 수 있었다. 한 치 앞도 안 보이는 깜깜한 어둠을 뚫고 이제 여기까지 왔다.

가야 할 길을 가는 사람은 얼마나 행복한가. 길이 있어 가는 사람은 얼마나 행복한가. 길은 언제나 우리 앞에 평탄하게 놓여있을 줄 착각하지만, 길을 잃고 헤매다 보면 길이 얼마나 고마운 줄 뼈저리게 느끼게 된다.

길이 있다는 것은 희망이 있다는 것이다.

캄캄한 어둠 속에서도 길은 있다.

그 길은 인생길이다.

(2019. 5. 17)

허수아비가 그립다

산자락에 자리한 과수원은 온통 그물망으로 덮어 씌워졌다. 빙 둘러가며 전선으로 울타리를 쳤다. 온통 폐현수막으로 둘러쳐졌다. 그도 모자라 온종일 라디오를 틀고 볼륨을 높여 놨다. 어떤 과수원에서는 규칙적인 폭음이 들려온다. 총소리다.

새들이 과실을 쪼아 먹지 못하게 함이다. 고라니와 멧돼지가 침범하여 들쑤시지 못하게 함이다. 새와 짐승과의 전쟁이다. 과실 농사 자체가 이제 이들과의 전쟁에서의 승패에 달렸다 해도 과언이 아니다. 허수아비 따위는 필요 없다.

가을이면 허수아비가 서 있는 황금빛 들판. 노을을 등지고 자기 그림자와 한가로이 노니는 허수아비. 목가적이고 낭만적인 풍광을 표현할 때 빠짐없이 등장하는 허수아비는 이제 우리에겐 추억이 되었다. 물론 아직도 허수아비가 더러 있지만 주인공 자리를 내준

일개 조연일 뿐이다.

인간은 자기 세상을 지키기 위해 더 섬세하게 지혜를 짜낸다. 짐승들은 생존을 위해 더 높아진 방어벽을 뚫을 궁리를 한다. 숨바꼭질하고 있다. 머리를 쥐어짤수록 인간들의 가슴은 더욱더 메말라 간다. 생존 본능에 따라 방어벽을 뚫을 궁리를 하면 할수록 짐승들의 야생은 더욱더 거칠어진다. 여유가 없다. 인간이든 짐승이든.

요즘 신식 새들은 허수아비와 사람을 척 보면 구분할 줄 안다. 발랑 까졌다. 세월 따라 사람이 진화하듯 새들도 진화한다. 총소리가 겁주기 위한 헛소리인 걸 구분할 줄도 안다. 자기들을 보호하는 동물보호단체라는 환경단체가 있다는 것도 안다. 라디오 소리는 들리지만, 사람은 없다는 것도 안다. 사람이 다가가도 무서워하지 않고 오히려 놀린다.

'나 잡아 봐라~'

겁대가리 없는 멧돼지는 심심찮게 도심에 출몰하여 인간들을 놀라게 한다. 등산객이 전기가 통하는 과수원 울타리에 감전되어 사망했다는 뉴스도 접한다. 허수아비가 사라진 세상은 삭막하다.

나 어릴 적에 논이면 논, 밭이면 밭마다 허수아비가 있었다. 대나무로 열십자를 만들어 누더기를 입히면 됐다. 밀짚모자도 씌워야 한다. 대나무꼬챙이, 누더기, 밀짚모자는 허수아비를 만드는 삼종세트였다. 어리숙한 새들은 사람인 줄 잘도 속아 넘어갔다. 개중에 똑똑한 새들이 벼를 쪼아 먹어도 상관없었다. 알고도 그 정도는 봐줬다. 인간도 짐승도 가슴이 따뜻했다. 서로 사이좋게 공생했다.

과수원에는 그물망이 없었다. 밭에는 울타리가 없었다. 온종일 혼자 떠들어대는 라디오 소음도 없었다. 동물보호단체도 없었다. 벼논에는 메뚜기가 팔딱팔딱 날아다녔다. 수박밭 참외밭에는 허수아비가 있었다. 초가로 엮은 원두막이 있었다. 밤에는 반딧불이가 날아다녔다. 귀뚜라미가 마음대로 노래를 불렀다.

우리는 원두막이나 허수아비가 있건 말건 웃통을 벗어 던지고 살금살금 수박밭으로 기어 들어갔다. 이른바 수박 서리다. 꼬맹이들 머릿속에는 수박밭 주인장이 수박을 얼마나 피땀 흘려 지었다는 개념이 없었다. 수박 한 통이면 그 밤은 우리들의 천국이었다. 주인장도 꼬마 도둑들도 그걸로 그만이었다.

세상엔 돈이 전부가 되었다. 정은 메말라 간다. 허수아비가 비비고 서 있을 자리가 없다.

허수아비 서 있는 들판이 그립다!

(2019. 3. 18)

참게탕

2주 전 섬진강 자전거 종주를 할 때 못 먹어서 내내 아쉬웠던 음식이 있다. 종주를 먼저 마친 서울의 지인이 적극적으로 권하던 참게탕이다. 추천받은 구례읍의 유명한 참게탕 식당에 들어갔으나 1인분은 주문할 수 없었다. 강 따라 전국을 자전거로 돌아다니면서 그 지역의 대표 음식은 반드시 먹는다. 오래전 홀로 백두대간을 다니며 너무 굶주렸기 때문에 한이 맺혀서다. 그날따라 더욱더 아쉬움이 컸다. 봄 문학기행을 가서 소원을 먹었다.

곡성군에 있는 조태일 시문학기념관과 태안사를 거쳐 섬진강 변의 제법 그럴싸한 식당에 들어갔다. 50여 명의 일행 중 수필 교실 새내기 동기 8명이 한 식탁에 돌래돌래 앉았다. 문학 하는 점잖은 자리라서 아직은 교수님과 선배님들이 불편하고 어색하다. 자연스레 편한 사람끼리 모이게 된다. 우리나라만큼 끼리끼리 문화가 고

착된 나라도 드물다. 한때 스스럼없었던 객기는 나이 들수록 줄어들었다. 이제 음식이 제대로 목구멍으로 넘어가겠다. 문학기념관과 사찰 기행도 좋지만 뭐니 뭐니 해도 먹는 게 최고다.

한 소주 하는 갑장 안 선생이 맞은편에 앉았다. 버스 내내 같은 좌석에 앉은 오늘의 파트너 이 선생이 바로 오른쪽 옆이다. 대각선 맞은편에는 역시 소주 좀 하게 보이는 김 선생이다. 또 다른 동기 4명도 옆 테이블이다. 세상에 없이 편하고 만만한 자리다. 아니나 다를까 앉자마자 김 선생이 소주를 수배한다. "왔따, 김 선생 맘에 들어부러! 전라도 땅에 왔으니 전라도 사투리 한번 써 보드랑께. 기분도 그렇잖고라. 우리 나이에 장거리 버스 여행에 맥주는 안 맞지라. 가다가 거시기 급하면 거시기 세워달라고 해야 하거든. 졸병이 채신머리없이 그럴 수는 없어라. 여선생들도 많은데 점수 깎여부러."

큼지막한 뚝배기가 나온다. 들깨 들어간 빽빽한 국물에 우거지가 그득하고 삐죽 튀어나온 게 다리가 군데군데 보인다. 옳거니, 이게 바로 섬진강 참게탕이로구나. 사실 나는 그때까지 점심 메뉴가 참게탕인 줄 몰랐다. 사무국장님이 차에서 마이크로 식당 소개할 때 한쪽 귀로 들은 것 같기도 한데, 차가 흔들리면서 순식간에 다른 쪽 귀로 빠져나가 버렸나. 2주가 지났지만, 아직도 머릿속을 감돌던 그 참게탕이라니.

맞은편 안 선생은 참게 한 쪽 뜯더니만 소주에 맥주부터 탄다. 폭탄주를 마실 모양이다. 그렇지, 저런 양반은 음식보다 술에 더 관

심이 많은 법이다. 1인당 참게 두 쪽씩 돌아가는데 안 선생 몫 한 쪽은 내 차지가 되길 내심 기대한다. 이럴수록 표정 관리해야 해. 김 선생도 주구장창 소주만 사랑한다. 잘하면 또 한 쪽 얻어먹을 수 있겠지만 과한 욕심은 금물이다. 버스 파트너 이 선생께서도 소주 사랑이 대단하다. 참고로 말하면 여선생이시다. 남녀평등을 온몸으로 증명한다. 결국엔 안 선생 몫 한 쪽 더해서 참게 세 쪽 먹었다. 안 선생이 끝까지 안 먹고 남겨서, 어릴 적부터 교육받은, 음식을 남기지 마라, 라는 부모님 말씀에 따라 안 먹을 수 없었다. 분명히 말하지만 몇 번이고 안 선생에게 남은 한 쪽 마저 먹으라고 필사적으로 권했다. 안 선생 몫이었던 참게가 식감이 더욱 오들오들하고 감미로웠다. 아직도 혀끝에 맴돈다. 남의 떡이 더 맛있다는 속담을 다시 확인한다. 갑장은 좋은 것이다.

섬진강은 2주 전보다 더욱 아름다웠다. 연초록 강버들과 푸르고 맑은 강물이 어울려 멋진 그림을 연출하였다. 자전거를 타면서 온몸으로 느끼는 감상과 차창 너머로 보는 감상은 전혀 다르지만, 섬진강은 그 자리에 그 모습 그대로였다.

소원을 이루는 데 2주밖에 안 걸렸다. 이렇게 빨리 먹는 소원은 좀 더 자주 왔으면.

(2019. 4. 14)

내 인생의 세 가지 축복

내 인생의 세 가지 축복이 있다.

첫째, 나 홀로 백두대간을 종주하면서 산을 알았다.

둘째, 자전거로 출퇴근하면서 느림의 행복을 알았다.

셋째, 블로그를 하면서 아름다운 글을 썼다.

등산은 자연을 알게 해 주었다. 자전거 출근은 자연을 대하는 마음을 더 성숙하게 만들어 주었다. 풀꽃들의 이름을 알아가며 친구가 되었다. 나뭇잎 하나 이름 없는 벌레 한 마리라도 그냥 지나치지 않았다. 가슴 밑바닥에 숨어있던 감성이 되살아났다. 산과 자전거는 블로그에 글로써 표현됐다. 눈에 띄는 모든 자연은 글의 소중한 소재가 되었다. 블로그는 자연으로 풍성해졌다.

아침에 자전거 출근하면 머리 감고 옷 갈아입고 바로 컴퓨터 앞에 앉았다. 출근하면서 느꼈던 자연의 모습들을 내 맘대로 글에 담

았다. 절대 꾸미지 않았다. 화장하지 않은 민얼굴로 독자에게 다가갔다. 사진을 정성껏 올리고 한 줄이든 두 줄이든 매일 썼다. 짧은 글이든 길 글이든 개의치 않았다. 수많은 글을 올리면서 남의 글 복사해서 올린 글 하나도 없었다. 그게 나의 자부심이었다.

이해타산이 판치는 인터넷 세상에서, 사람 냄새 나는 블로그에는 이웃들이 쏟아져 들어왔다. 블로그는 자연스럽게 내가 하는 일과 연결되었다. 하루에도 수많은 사람이 드나드는 사이버 사무실이 되었다. 사람들의 북적거림은 사업을 번창하게 만들어 주었다. 블로그로 명성을 얻으면서 내가 일하는 분야에서 선두주자가 되었다.

블로그는 벼랑 끝에 매달렸던 나를 서서히 끌어 올렸다. 길고 길었던 어둠의 터널을 빠져나왔다. 밝은 세상에 나오면서 가슴은 넓어졌고 세상은 아름다웠다. 블로그가 보물처럼 귀하고 고마웠다. 고마운 만큼 글 하나하나 정성을 다해 썼다. 절대 억지로 쓰지 않았다. 마음에서 우러나온 진심 어린 글은 독자들의 마음을 움직였다.

하나둘 쌓인 글은 책으로 엮어졌다. 내 이름 석 자가 선명하게 찍힌 책이었다. 작가가 되었다는 것은 내 팔자에는 없었던 일이었다. 그렇게 만들어진 책은 이 분야에서 베스트셀러가 되었다. 전국 도서관에서 인기리에 읽혔다. 독자들의 감사 전화나 메시지도 넘치도록 많이 받았다. 내가 더 감사한 일이었다. 내 능력으로 남에게 도움을 주었다는 사실이 표현할 수 없도록 뿌듯했다. 결과적으로는 지식봉사가 되었다. 여태 살아오면서, 내가 남에게 도움을 준 적이 있었던가. 받는 기쁨보다 주는 기쁨이 더 크다는 사실을 알게 해

주었다.

꾸미지 않은 글이 최고로 아름다운 글이라는 건, 나 홀로 백두대간을 종주하면서 자연을 통하여 배웠다. 첩첩산중에서 몽땅 연필로 자연의 아름다움을 종이 쪼가리에 메모하면서 치열하게 터득했다. 아무도 없는 산 속에서는 꾸밀 필요가 없었다. 있는 그대로 써도 생동감 넘치는 훌륭한 글이 되었다. 자연이 주는 선물이었다.

백두대간 36구간 산행기山行記를 쓰고 이후에 낙동정맥 22구간 산행기를 쓰면서 인터넷 글의 기본을 다듬었다. 산악 포털의 수많은 산행기를 읽으면서 도움을 받았다. 대구 근교의 산이란 산은 다 다니면서 반드시 산행기를 남겼다. 지금 생각해 보면 산행기만큼 글쓰기 쉬운 것이 없었다. 자기가 오늘 다녀온 사실을 있는 그대로 쓰면 되기 때문이었다. 꾸미고 화장할 필요가 없기 때문에 쉬웠다. 그리고 재미있었다. 산행기를 많이 쓴 것이 블로그 글쓰기에 결정적인 도움이 되었다. 산과 블로그가 연결된 것이다.

자전거는 또 어떤가. 매일 아침 승용차 대신 자전거를 타고 나오면서 자연을 느끼게 되었다. 온몸이 대자연에 오롯이 노출되었다. 자연이 숨 쉬는 대로 나도 따라 숨 쉬었다. 자연과 일체가 되었다. 바람을 고스란히 받았다. 가슴이 뛰고 감성이 되살아났다. 감성은 매일 블로그에 글로 표현되었다. 승용차를 타고 출근한 독자들은 블로그를 보고 대리 만족을 느꼈다. 그럼으로써 인간적으로 친해지게 되면서 자연스럽게 고객이 되었다.

글의 첫머리에, 내 인생의 세 가지 축복이라고 썼지만, 내용을 잘

보면 서로 연결되지 않은 축복이 없다. 세 가지 축복은 독립되지 않다. 어느 하나라도 없었으면 하나의 축복도 완성되지 않았을 것이다. 세상사 모든 것은 각각 기밀하게 연결된다. 하나를 버리고 다른 걸 취하는 방식은 맞지 않는다. 내 행동의 모든 결과는 바로 나에게 귀속된다. 좋은 것은 좋은 영향을 미치고 나쁜 것은 나쁜 영향을 미친다. 각각의 행위를 할 때는 미처 못 느낀다. 지나고 돌아보면 비로소 안다. 산과 자전거와 블로그는 서로 좋은 영향을 미친 것이다.

거창하게 들리지만, 굳이 축복이라는 표현을 썼다. 나에게는 대단한 축복이다. 어떤 이는 갑자기 돈을 많이 벌면 축복이라 여긴다. 어떤 이는 출세를 하면 축복이라 여긴다. 어떤 이는 명예를 가지면 축복이라 여긴다. 나에게 축복은 산과 자전거와 블로그다. 산을 좋아하고 자연을 사랑하는 마음을 가지게 되었다. 자전거로 출근하면서 숨은 감성을 되찾았다. 블로그를 통하여 글 쓰는 재미를 느꼈다. 자연을 좋아하고 사랑하는 마음과 자연을 글로 표현하면서 재미를 느끼는 마음은 그 어떤 것보다 큰 축복이다. 돈과 명예와 권력으로 이룰 수 없는 행복을 주기 때문이다.

(2019. 8. 20)

나훈아 고마워요

이보게 어디까지 가는가 나는야 나도 잘 모른다네
종점이 어디라고 하던데 아는 대로 가 보는 거지
세상이 내 뜻대로 되는 게 있었던가 어쩌다가 나선 길인데
바람 불어도 비가 내려도 가는 데까지 가 보는 거야
인생 소풍 다 그런 거 아닌가

나훈아의 신곡 '인생 소풍' 1절이다.

어제 한라산 오름길에서도 들었다. 산죽으로 뒤덮인 길섶에 나 홀로 앉아 스마트폰 유튜브로 들었다. 평소 나는 산에서 노래를 틀지 않는다. 침묵으로 만나야 하는 대자연에 대한 예의다. 자연을 오롯이 느끼는 데 방해가 된다. 어제는 예외였다. 나답지 않게 열 번은 더 틀었다. 꿈꾸듯 가슴이 저렸다. 나도 모르게 코끝이 찡했다.

그의 노래는 이렇다. 인생이 담겼다.

어리목 코스 초입엔 주말을 맞은 사람들이 시끌벅적하였다. 이름 모를 새소리에 섞여 온통 중국말이 날아다녔다. 그들이 뭐라 떠들든 말든 나는 볼륨 낮춘 유튜브에 귀를 기울였다. 나는 섬이 되었다. 천 리 먼 길 섬까지 가서 청승을 떨었느냐고 해도 좋다. 나훈아 신곡이 나올 때마다 몰입하는 이상한 재주가 내게 있는 걸 어쩌나. 기왕이면 고상한 클래식을 듣지 뽕짝이 뭐냐고 할는지도 모른다.

하지만 나는 뽕짝이 좋다. 울 아버지 울 엄마도 뽕짝만 부르셨다. 내 친구들도 뽕짝만 부른다. 우리 국민들이 뽕짝을 좋아하는 것은 그게 바로 삶의 노래이기 때문이다. 여느 성악가처럼 까만 드레스 입고 나비넥타이 매고 목청 뽑아 올리지 못한다고 무시하지 마라.

2,500여 곡을 취입하고 800여 곡의 자작곡을 가진 만능 엔터테이너 나훈아가 며칠 전에 신곡을 발표했다. 그것도 18곡이나 한꺼번에 내놨다. 아이돌도 아니고 칠순이 넘은 트로트 가수가 말이다. 나는 이 점에 주목한다. 이 양반이 워낙 개성이 강해서 자기 자신을 드러내는 걸 싫어하는 고로, 방송에도 안 나오고 홍보에 소극적이라 그렇지, 한꺼번에 18곡을 따끈따끈한 신곡으로 발표한 건 대서특필할 사건이다. 여태 우리나라에서 신곡 18곡을 내놓은 가수는 전무후무하다. 매스컴에서는 그저 신곡 발표했다는 그 자체로만 보도한다. 가치에 대한 재평가가 없다. 그게 안타깝다.

중학교 3년을 혼자 걸어 다녔다. 경주 남산 아래 집에서 학교까지 10리 길이다. 무거운 책가방을 들고, 남천 둑길을 지나고, 논길이었던 지금의 경주박물관 자리를 지나 안압지(월지)를 지나면 학교가 나온다. 매일 아침 탈래탈래 걷고 또 걸었다. 지금은 유적지를 다 막아놓고 입장료를 받지만, 당시만 해도 나의 등교 놀이터에 불과했다. 자전거를 타고 등교하는 친구들이 제일 부러웠다. 책가방을 핸들에 걸치고 한 손으로 자전거를 타는 모습이 어찌 그리 부러웠던지 아직도 눈에 선하다. 우리 집에 자전거가 두 대였지만 하나는 아버지가 하나는 고등학생인 형이 타고 다녔다. 아버지는 무섭고, 만만한 엄마한테 자전거 사 달라고 조르다가 포기했다. 세 대를 지닐 만큼 우리 아버지 통이 크시지 못하셨다.

하지만 나는 외롭지 않았다. 등굣길 한 시간을 오롯이 동행해 주는 사람이 있었기 때문이다. 그가 바로 나훈아다. 노래를 통해서 친구가 되어 주었다. 논밭을 지나가기 때문에 아무도 들어주는 사람은 없었지만, 주구장창 노래를 불렀다. 신곡도 두 번만 라디오에서 들으면 2절까지 토씨 하나 틀리지 않았다. 팔팔한 중학생의 목은 잠기지 않았다. 부르고 또 불렀다. 나훈아 노래만 불렀다. 기존의 노래가 식상할 때쯤이면 어김없이 신곡을 발표해 주었다. 그리 고마울 데가 없었다. 사춘기 중학생의 감수성을 나훈아가 지배해 버렸다.

"물어 물어 찾아왔소 그 님이 계시던 곳 차가운 밤바람만 몰아치는데~"

“사랑이 무어냐고 물으신다면 눈물의 씨앗이라고 말하겠어요~”

“이슬비 내리던 밤에 나 홀로 걸었네 정든 이 거리 그대는 가고 나 혼자만이 거니는 발길~”

“내가 먼저 사랑하던 그 사람 버려 놓고 내가 먼저 울 줄이야 나도 몰랐네~”

라이벌인 남진한테 가수왕이 뺏겼을 때는 며칠 잠도 못 잤다. 남진한테 엽서를 보내는 친구는 의절해 버렸다. 나훈아를 좋아하면 자연스레 나의 절친이 되었다. 그런 데 목숨을 걸었다.

고등학생이 되고 대학생이 되면서 포크송이 판을 쳤다. 대학교 담벼락인 신암동에 하숙하면서 나도 포크송에 푹 빠져 지냈다. 송창식 윤형주 김세환 이장희는 우리들의 우상이었다. 나훈아 노래는 이제 시시해져 버렸다. 내가 고무신 거꾸로 신었다. 때마침 나훈아도 고무신 거꾸로 신고 김지미한테 가버렸다. 복학하고는 또 조용필에게 빠져들어서 아예 나훈아는 잊어버렸다. 밤새도록 조용필의 테이프를 돌리고 또 돌리면서 들었다.

직장생활하고 승진에 목을 매며 거친 세파에 휩쓸려 살았다. 어느 날 모든 걸 내려두고 홀로일 때 다시 나훈아가 내 가슴에 들어왔다. 기자회견장에서 바지를 끌어내릴 듯하면서 강렬하게 다가왔다. 그 당시의 슬픈 듯 안타까운 듯 억울한 듯한 이미지가 아직도 머릿속에 박혀 있다. 꿈을 잃어버렸다고 절규하던 모습이 말이다. 공교롭게도 그때 나도 꿈을 잃고 방황할 때였다. 그리고 그는 10여 년을 잠적했었다. 그래도 나는 수시로 인터넷 검색을 하면서 그의 동정을 찾으려고 애썼다. 그와 관련한 작은 새로운 기사라도 찾으면 마음이 울컥하여 눈물이 고일 때도 많았다. 다시는 그의 노래를 못 들을 것 같아서다. 그와 나의 마음이 공감의 끈으로 연결되었다. 울었다는 얘기를 친구한테 했더니 면박만 주고 믿지 않았다. 그러나 나는 정말 그랬다. 그가 나타나서 노래를 불러야, 나도 꿈을 찾을 수 있을 것 같은 막연한 마음마저 들었다.

재작년 대구공연에 수단과 방법을 가리지 않고 표를 구해서 관람했다. 기대를 저버리지 않았다. 모든 걸 쏟아냈다. 방청석에서 나도 어느새 중학생의 감성으로 돌아가 있었다. 꿈을 꾸는 느낌이었다. 그는 청년이었고 나는 중학생이었다. 그가 웃으면 나도 따라 웃고 그가 울면 나도 울었다. 가슴은 채워졌다. 다음 달 대구공연 표도 구해 놨다. 나는 다시 꿈을 꾼다.

세상을 살다 보면 어딘가에 의지하려는 것이 인간의 본성이다. 그것이 사람이든 사물이든 음악이든 상관없다. 그 대상이 있느냐 없느냐는, 그 사람한테 꿈이 있느냐 없느냐가 아닐까.

천년 신라인의 체취가 묻어나는 학교 가는 길은 나의 정서적 뿌리가 되었다. 중학교 때 그렇게 갖고 싶었던 자전거는 지금 내 인생의 소중한 동반자가 되었다. 감수성 예민하던 사춘기에 든든한 친구가 되어 줬던 나훈아의 노래는 내 감성의 뿌리가 되었다.

먼 길 돌고 돌아 나는 그와 다시 만났다. 나 자신의 이야기 같은 '인생소풍' 2절 가사가 마음을 파고든다.

이보게 얼마만큼 왔는가
나는요 너무 돌아왔다네
어디서 왔다고들 하는데
그게 뭐가 중요하겠나

(2019. 5. 13)

3부

산에서 찾은 희망

대형 멧돼지와 단독회담

엊저녁에 눈치 보며 빨아 말린 뽀송뽀송한 바지를 입고 찜질방을 나오니 빗방울이 굵게 떨어진다. 동해역 앞 허름한 식당에서 해장국을 시켜 밥 두 그릇을 말아먹으니 밥값 천 원을 더 받는다. 지금 내 형편에 천 원은 큰돈이다. 그래도 눈물을 머금고 거금을 지불한다. 오늘 갈 길이 멀고 험난하여 배불리 먹어야 하기 때문이다. 그야말로 거지 종주자다. 산에서는 먹은 만큼 걸음을 옮겨준다.

동해터미널에서 임계로 가는 첫차를 타고 구불구불 신길을 돌아 백복령에 내린다. 다시 찾은 백복령은 그대로다. 파란색 대형 포장마차, 표지석이 있는 잔디밭, 빙 둘러쳐진 통나무 울타리, 몇 개의 전봇대와 이정표. 세차게 쏟아지는 비 때문에 바다는 보이지 않는다.

정각 7시다. 일회용 흰 비닐 우의를 꺼내 머리까지 쓴다. 떨어지

는 빗방울에 온몸이 움츠러든다. 혼자만의 긴 투쟁이 시작된다. 문득 외로움이 덮쳐온다. 청승맞다. 임도를 따라 오르니 금방 철탑이 나오고 들머리에 표시기가 쪼르륵 붙었다. 이제 길을 잃을 염려는 없다. 한 걸음 한 걸음 내딛다 보면 기어이 끝에 닿으리라.

생계령에 도착하니 9시가 넘어간다. 잡목 숲이 길을 덮을 만큼 울창하다. 헤치고 지나갈 때마다 양동이로 퍼붓듯 물이 와르르 쏟아진다. 일회용 비옷은 군데군데 찢어져 구멍이 났다. 금세 옷이 젖는다. 신발은 이미 질퍽하다. 물 범벅 잡목 숲을 헤엄치듯 걷는다. 산에서 헤엄치는 것도 잊지 못할 추억이 되리라. 경사진 길은 미끄러워 한 발 한 발 내딛기도 힘들다. 안개가 짙어 한 치 앞도 안 보인다. 발아래 길만 보고 무작정 걷는다.

한 시간째 잡목 숲을 헤치고 낑낑거리며 오르는데, 갑자기 반대편에서 내려오던 청년이 고함을 지르면서 엎어진다. "어 어 어 헉!" 한 치 앞이 안 보이는 잡목 숲을 헤치며 무심코 내려오다가 갑자기 나를 발견하고 놀란 것이다. 비명에 나도 간이 떨어지도록 놀랐다. 흰 비닐 우비를 뒤집어쓴 머리를 위로 들이미니까 순간적으로 짐승인 줄 착각했단다. 둘 다 놀란 가슴을 추스른다. 이렇게 비가 쏟아지는데, 너도 미쳤고 나도 미쳤구나. 물 한 모금 나눠 먹고 헤어진다. 물바다에서 물을 마시니 기분이 묘하다. 첩첩산중에서 같은 목적으로 걷는 사람을 보면 반갑기 그지없다. 홀로 백두대간을 하는 사람은 제각기 사연이 있다. 주로 슬픈 사연이 많다. 산의 힘을 빌려 가슴을 비운다. 청년은 무슨 사연이 그리 많아 산짐승이 되었는가.

□산더미 같은 멧돼지를 만나다

12시가 되어갈 무렵 고병이재 삼거리에 도착한다. 잠시 숨을 고르고 석병산을 향하여 오른다. 키 큰 낙엽송 아래 풀숲이 우거지고 군데군데 금방 파헤친 흔적이 멧돼지의 소행으로 보인다. 흙이 빗물을 잔뜩 머금어 멧돼지의 먹이 활동도 원활하다. 시간상 대낮이지만 주위는 어둑어둑하다. 분위기가 음침하고 기분이 안 좋다. 일찍 서둘러 능선으로 올라야 시야가 그나마 밝아진다. 기운이 많이 소진되었지만 쉬지 않고 오름길을 재촉한다. 이럴 땐 없던 힘도 나온다. 인간의 능력은 상황에 따라 더해지기도 하고 덜해지기도 한다. 스틱을 힘껏 찍으며 발을 내딛는다.

조금 더 전진하는 순간, 전방 길 왼쪽 숲에서 "그르렁 그르렁" 소리가 난다. 호랑이 소리로 들린다. 우리나라에서 호랑이는 멸종되었으니 멧돼지일 것이다. 막상 그 소리를 들으니 뜻밖에 마음이 침착해지면서 겁이 덜 난다. 늘 멧돼지를 만날 수도 있다는 생각을 잠재적으로 하고 있었나 보다. 머리가 쭈뼛해지지도 않는다. 두둑 떨어지는 빗소리에 파묻혀 멧돼지는 나의 인기척을 못 느꼈을 것이다. 한참을 그렇게 "그르렁" 하면서 길옆으로 동행을 한다.

인기척을 느끼고 도망가라고 일부러 스틱을 소리 나게 콱 찍으면서 올라갔다. 그때서야 소리를 들었는지 갑자기 툭 튀어나와 백두대간 길의 한가운데를 가로질러 우뚝 서버린다. 아마도 올라오는 나를 발견하고 놀라서 순간적으로 멈추었을 것이다. 어림잡아 나하

고 5m 정도 떨어진 아주 가까운 거리다. 둘 다 서로에게 완전히 노출되었다. 놈은 위에 섰고 나는 아래에서 쳐다보는 불리한 형국이다. 길의 경사도는 약 40도 정도로 가파르다. 길 가운데 가로로 섰으니 덩치가 산더미만 하게 보인다. 살이 철철 흘러내릴 정도로 쪘다. 200kg는 넘어 보인다. 나도 놀라서 멈춰 섰다. 다행히 흰 비닐우위를 배낭 위에 덮어 입었으니 나도 평소보다 덩치가 두 배로 커 보인다. 멧돼지는 자기보다 큰 동물은 피한다는 말을 들었다. 먼저 공격을 하거나 자극하면 안 된다.

□ 멧돼지와 단독회담

만약에 공격한다면 나는 꼼짝없이 당할 수밖에 없다. 내 옆에 오를 만한 큰 나무도 없다. 하지만 공격하지 않을 것이란 생각이 들었다. 산에서 만나는 짐승은 헤치지 않으면 절대로 사람을 공격하지 않는다. 멧돼지는 이 산의 주인이지 객客이 아니다. 나야말로 이 산의 객이다. 나는 손님으로서 주인이 사는 영역을 지나가는 중이다. 어느 주인이 자기 영역을 찾는 선한 손님을 헤치랴.

멧돼지는 옆으로 섰으니 눈동자를 옆으로 굴려 나를 내려다본다. 짐승이 꼼짝 않고 가만히 서서 눈을 옆으로 굴리는 모습은 생전 처음 본다. 나를 탐색하는 듯 보인다. 겁나기보다는 기분이 이상해진다. 나는 의식적으로 정면으로 눈을 마주치지 않으려고 노력한다. 좀 불쌍하게 보이는 눈빛을 하려고 애쓴다. 인간이 좀 비굴하게 보여도 할 수 없다. 상대가 짐승일지라도 나는 동정을 받고 싶다.

힘이 센 학교 짱 앞에서 항복의 표시로 눈을 내리까는 시늉을 한다. 나는 이 순간을 벗어나야 한다. 아직은 할 일이 많다. 그냥 보내 주면 착하게 살겠다. 집에 가야 한다.

만약에 위에서 밑으로 나를 공격한다면 맨손으로 엉켜 싸우는 수밖에 없을 것이다. 나는 총도 칼도 없다. 그리 생각하니 갑자기 외로워진다. 119를 부를 수도 없다. 아무도 없는 산중에서 1:1로 맞닥뜨리는 싸움에서의 승자는 누구일까. 세상 사람들 아무도 거들어 줄 수 없다는 사실에 깊은 고독감이 엄습한다. 가족들은 이런 사실을 꿈에도 모를 것이라는 생각도 들었다.

어림잡아 약 30초 정도를 그렇게 둘이 우뚝 서 있다. 속으로 이렇게 중얼거린다.

"너도 홀로 나도 홀로니 초록 동색이다."

"너도 동물이고 나도 동물이니 우리는 친구다."

"너도 초식 동물이고 나도 초식을 좋아하니 같은 촌놈이로다."

"나는 너를 해칠 마음이 없고 너 또한 그러한 듯하니 각자 갈 길을 가자."

멧돼지가 말한다.

"인간들아 제발 산에 오면 쓰레기는 버리지 마라."

"산에서는 우리가 주인이니 조용히 다녀가거라."

"나는 당신을 해칠 마음이 없다."

짧은 시간이나마 둘이서 마주 보고 있으니 이상한 친근감이 든다. 옆으로 굴려 내려다보는 멧돼지의 눈빛이 선하게 보인다. 회담

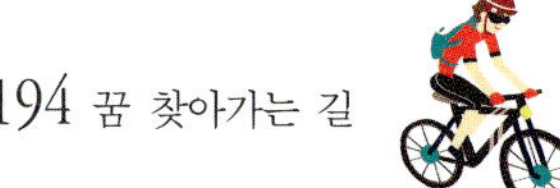

이 끝났으니 이제는 가자고 잔기침을 두세 번 했으나 멧돼지는 꼼짝을 하지 않는다. 정말로 나하고 친구 하자고 그러나 싶어 조바심이 난다. 스틱 두 개를 약하게 마주쳐서 딱딱 소리를 낸다. 짐승은 금속 소리에 약하다는 말을 들은 적이 있었기 때문이다. 그제야 쏜살같이 우측 숲으로 사라진다. 달리는 속도가 엄청 빠르다.

멧돼지가 가고 없으니 마음의 여유가 생기면서 갑자기 장난기가 발동한다. 사진이라도 찍어 놓을 걸 하는 마음도 들었다. 다시 마음을 가다듬고 석병산 오름길을 이어간다. 뒤를 자주 돌아본다. 혹시나 아까 그 멧돼지가 친구 하자고 따라올까 봐.

13시에 석병산 정상 일월봉에 도착했다. 온종일 퍼붓던 비도 이젠 약해졌다. 깎아지른 암벽이 일품이다. 내려다보는 전망은 아찔하다. 안개가 적당히 걸쳐져 더욱더 신비롭다. 아래에 우뚝 솟은 두 개의 돌기둥이 압권이다. 오늘 구간의 주봉主峰이다. 빗물로 범벅이 된 잡목 숲을 헤엄치고 왔다. 산더미만 한 멧돼지도 맞닥뜨렸다. 고생 끝에 낙이 온다. 편한 걸음만 있었다면, 이렇게 만나는 경관이 시리도록 아름다울까.

종점인 삽당령으로 가는 길이 한없이 멀다. 넘고 넘어도 또 나오는 봉우리가 끝이 없다. 군데군데 산죽밭이 이어진다. 16시에 드디어 삽당령으로 내린다. 등산화는 질퍽거리고 무릎도 아파 절뚝거린다. 걸을 때마다 젖은 속옷에 쓸려 허벅지가 아프다. 걸음이 어기적거린다. 길고 길었던 하루다.

(2002. 8. 16. 백두대간 백복령~삽당령 구간)

쉰움산에서 고개 숙이다

백두대간 24구간인 백복령에서 댓재까지의 거리는 하루에 마치기가 힘들 만큼 긴 거리다. 아침 7시에 시작한 걸음은 오후 5시에 겨우 청옥산에 닿았다. 10시간을 쉼 없이 걸었다. 정상엔 통신 시설이 있고 검고 큰 표지석 자리가 평평하고 널찍하다.

나와 같은 단독 종주자가 1인용 텐트를 치고 있다. 내가 가야 할 종점인 댓재에서 거꾸로 왔는데 힘이 달려 여기서 야영을 결정했단다. 혼자서 무서울 것 같으면서도 부럽다. 나도 텐트만 있으면 그 옆에 그대로 야영하고 싶을 만큼 지쳤다.

갑자기 마음이 급해진다. 어저께 산 새 건전지가 아무리 찾아도 없어 불안하다. 날이 어두워지면 지금 건전지로는 30분도 못 버틸 것이다. 부지런히 달려 어둡기 전에 댓재까지 가는 수밖에 없다. 해가 긴 여름이라 오후 8시까지만 가면 된다. 두타산까지 오후 6시

반까지 도착한다면 가능하다. 비도 오고 우중충한 첩첩산중에서 미아가 될 수는 없다. 맑은 날보다 시야는 밝지 못하다. 배낭이 더욱 더 무겁게 어깨를 조여 온다. 작은 침낭을 얹었더니 부피가 커서 움직임까지 둔하다. 청옥산 샘터에서 물을 한 통 보충한다. 무겁지만, 물은 백두대간 길의 생명이다.

오름길에서의 진행이 더디지만 쉬는 시간을 줄이면서 꾸준히 걷는다. 잠깐 잠깐씩 배낭을 멘 채로 나무에 기대어 눈을 붙인다. 그 와중에 반갑지 않은 졸음은 눈꺼풀을 아래로 무겁게 잡아당긴다. 입에서는 단내가 난다. 입술은 말라붙었다. 오후 5시 30분에 박달령을 지나면서 더욱 가파른 오름길이 시작된다. 노래에 나오는 울고 넘는 박달재다.

오후 6시 30분 드디어 두타산에 오른다. 넓은 정상이다. 전에부터 와 보고 싶었던 산이다. 막상 오르고 나니 안개 때문에 아무것도 안 보인다. 커다란 표지석도 안개에 파묻혔다. 누구의 조상인지 큰 묘가 덩그렇게 있다. 넓은 공터의 정상은 헬기장도 있다. 이대로 내려가면 댓재까지 오후 8시 전에는 당도하겠다는 예상을 한다. 내리막길이기 때문이다. 땀도 식힐 겸 여유를 부린다.

□ 귀신에 홀린 듯한 조난

한참을 앉았다가, 평평하고 뚜렷한 헬기장 좌측 길을 따라 그대로 출발한다. 길이 뚝뚝 떨어지면서 순식간에 내린다. 하산길이니까 빠르다. 다시 마음이 급해진다. 그런데 백두대간 표시기가 안 보인다. 그래도 길이 좋으니 맞는 길이라는 생각을 하고 믿어버린다. 귀신에 홀린 듯 앞만 보고 걷는다. 조금만 더 가면 백두대간 리본을 만날 수 있을 거라는 생각을 하고 더 급하게 내려간다.

삼거리가 나오면서 표지목이 나오는데 무릉계곡 가는 길과 쉰움산으로 가는 길만 표시되어 있다. 댓재로 가는 길 표시는 없다. 직감적으로 뭔가 잘못됐다고 생각했지만 이미 늦었다. 두타산 정상에는 길이 세 갈래로 나누어지는데 댓재로 가는 길을 놓치고 쉰움산으로 내리는 길로 접어들었다. 다시 올라가기에는 너무 멀리 내려와 버렸다. 힘은 빠질 대로 빠지고 우중충한 날씨 덕에 어둠이 이미 가까이 와 있다. 새 건전지도 없다. 갑자기 표현할 수 없는 두려움이 엄습해 온다. 대구의 식구들은 꿈에도 모를 것이다. 내가 천 리 먼 길 첩첩산중에서 길을 잃고 헤매는 줄을.

백두대간 길은 뚜렷하고 구간 거리와 소요 시간이 워낙 잘 돼 있어 덜 불안한데, 이런 낯선 길에서는 불안하다. 한 치 앞을 내다볼 수 없기 때문이다. 야속한 어둠은 소리 없이 깔리기 시작한다. 스틱을 짚지 않고 뛴다. 고만고만한 봉우리를 넘고 넘어도 귀신에 홀린 듯 끝이 없다. 길도 흐릿하다. 내려가야 하는데도 점점 더 첩첩산중으로 접어드는 느낌이 든다. 어느덧 또 다른 헬기장이 나오고(나중에 보니, 여기가 쉰움산 정상) 리본이 많이 달렸다.

조금 안심하고 진행하니 느닷없이 기기묘묘한 기암과 바위가 앞

을 가로막는다. 꿈에 나오는 무릉도원 같은 절경이다. 절벽 아래는 물소리가 요란하다. 조금 더 진행하니 또 다른 넓은 암봉岩峰이 나온다. 농구장 1개 정도는 됨 직한 넓은 암봉이다. 그 옆에는 돌을 30m 정도 쌓아 제단을 만들어 놨다.

문제는 여기서부터다. 리본 따라 진행하니 갑자기 길이 없어지고 바위 절벽이 가로 놓인 듯하다. 시간은 이미 저녁 8시다. 사방은 캄캄하게 어둡다. 랜턴을 켜고 다시 길 찾으려 몇 번을 시도해도 못 찾는다. 갑자기 겁이 덜컹 난다. 호랑이라도 나타날 음침한 분위기다. 앞이 보이지 않는다. 산짐승들이 어둠을 반기며 움직이는 소리가 가까이서 들린다. 랜턴은 수명을 다했다. 불이 얼마나 소중한지를 뼈저리게 느낀다. 이제부터는 어둠과 싸워야 한다. 길 찾기를 포기하고 바위에 털썩 주저앉는다. 머리는 하얗게 되고 아무 생각이 안 난다. 오로지 여기서 탈출해야겠다는 마음뿐이다.

□119에 전화하다

10여 분을 꼼짝 않고 앉아 골똘히 생각하니 대책이 없다. 비는 그쳤지만, 바위는 아직 마르지 않아 미끄럽다. 모르는 바위 낭떠러지 길을 가다가는 추락하기 쉽다. 아무도 찾지 못하는 곳에 떨어져 불귀의 객이 되기에 십상이다.

아무 생각 없이 119에 전화한다. 처음 생각에는 길을 물어보려고 했다.

033-119. 따르릉… "예. 삼척소방서입니다."

"저 뭐 좀 물어보려고 하는데요. 여기 두타산에서 하산하다 길을 잃었는데요. 거기 두타산 길 잘 아는 분 안 계세요?"

"거기 현재 계시는 데가 어디쯤입니까?"

"쉰움산 암봉 같은데요."

"쉰움산요? 그럼 동해소방서로 전화하세요. 전화번호 033-531-5119입니다."

033-531-5119. 따르릉… "예 동해소방서 상황실입니다."

"저기 저, 여기 두타산 밑 쉰움산인데… 어쩌구 저쩌구…."

"아 예. 우리 119 구조대장님 바꿀게요."

"예, 119 구조대장입니다."

"여기 쉰움산에서 길을 잃었는데요. 어두워 하산 길을 못 찾겠어요."

"선생님 혼자십니까?" "예."

"아 그렇습니까? 선생님. 당황하시지 마시고 천천히 말씀해 주시겠습니까?"

"여기 암봉도 있고 경관 좋은 절벽 같은 곳도 있는데요. 잘 내려가다가 갑자기 길이 끊어지고 바위 절벽을 만난 것 같아서요."

"아, 그러세요? 거기 바위 위에 빗물 고인 구덩이가 많죠? 아주 넓고."

"예 제단 같은 거도 있어요."

"거기서 바위 밑에 부분을 잘 보면 좋은 길이 나오는데 이상하

네요."

"그러면 전화 끊고 제가 다시 내려가 보고 전화 드릴게요."

아주 친절하시고 침착한 119 대장님이신 것 같다. 여기 산도 꿰뚫어 보고 있고. 전화 끊고 다시 내려가 봐도 닳아가는 희미한 랜턴에 비친 바위 경사진 길은 제대로 보이지 않는다. 다시 뒤돌아 올라온다.

두 번째 전화.

"예 대장님. 도저히 못 찾겠는데요. 여기서 내려가면 얼마나 걸리나요?"

"채석장으로 내리면 한 40분이면 됩니다. 선생님 그러시면 걱정 마시고 거기 그대로 계십시오. 우리가 구조하러 가겠습니다. 소방서에서 출동하면 채석장까지 한 2시간 정도 걸리고, 산에 오르면 또 1시간이면 됩니다."

전화를 끊고 나니 일이 생각보다 크게 벌어지려는 것 같아 당황스럽다. 그 와중에 창피스러운 생각이 먼저 들기도 한다. 다시 마음을 추스르고 침착하게 생각해 본다. 그렇지, 내가 명색이 홀로 대간꾼인데 119 구조는 좀 그렇다. 그 사람들 고생도 미안하다. 어차피 오늘은 집으로 복귀하는 날이 아니고, 댓재에서 비박도 생각해보지 않았던가. 그래, 119 고생시킬 게 아니라 여기서 하룻밤 지내자. 아까는 왜 그 생각을 못 했을까? 아마도 당황하여 사리분별력이 없었을 것이다. 누구나 당황하면 그렇지 않은가.

세 번째 전화.

“아까 조난 신고했던 사람인데요.”

“예 선생님. 지금 출동합니다.”

“그런데, 마 오시지 마세요. 제가 여기 하룻밤 새우고, 내일 아침에 내려갈게요.”

“아니? 그러지 마시고 부담 가지시지 마세요. 저희가 가겠습니다.”

“정말 고맙습니다만, 얇으나마 침낭도 있고 이제 비도 안 오고 하니 괜찮아요.”

“허허 이거, 출동 명령을 이미 했는데… 그래도 신고가 접수됐으니… 정 그러시면 선생님 주무시다가 춥다든지 하시면 미안해하지 마시고 전화주세요. 그리고 낼 아침에 채석장으로 내려오시면 차가 없을 텐데, 사정을 얘기하시고 공사 차량 얻어 타세요. 안 되면 전화 주시고.”

“예. 고맙습니다. 낼 하산해서 전화 드리겠습니다.”

동해소방서 2002년 7월 27일 저녁 근무 119 대장님의 친절이 너무 고맙다. 우리나라 소방공무원의 친절함을 몸소 체험한다.

□ 산짐승이 되다

전화 끊고 나니 잘했다는 생각이 든다. 홀로 백두대간 종주자로

서 최소한의 체면을 유지한다. 오늘 밤은 영락없는 산짐승이 된다. 비와 땀에 젖은 옷을 갈아입고 캄캄한 사방을 둘러본다. 거대한 바위 아래 짐승들의 보금자리 같은 틈새엔 제단 같은 것이 설치되어 있다. 긴장이 풀어지니 배도 안 고프다. 밥 생각도 없고 밥을 지을 생각도 없다. 라면도 없다. 대충 침낭을 깔고 누웠으나 바위 밑이라 이리저리 등이 배긴다. 마음의 평정을 찾으니 가까운 짐승 소리에도 겁은 하나도 나지 않는다. 자연에 대한 겸손을 몸소 배우는 순간이다. 자다 말다 시간을 보내고 보니 어느덧 아침이 밝아온다. 나중에 알고 보니 귀신이 나온다는 소문이 나는 무시무시한 곳이란다.

아침 등산객들이 올라오면서 거지꼴의 나를 발견하고 놀란다. 아래에서 올라오는 데 1시간 좀 더 걸렸다고 한다. 해가 솟는다. 날씨가 계속 흐려 3일 만에 보는 햇살은 강렬하다. 밝은 날에 둘러보니 타다 남은 초도 있다. 어제저녁에 언제 그랬느냐는 듯이 유유하다. 기분도 그런 대로 좋다. 여태까지 순조롭던 백두대간 길에 이런 추억 하나 더 얹어 나쁠 것 없다는 생각이 든다. 동해소방서에 전화하니 대장님은 안 계시고 엊저녁 근무자가 받는다. 고맙다고 꼭 전해주라며 인사를 대신한다.

못 찾았던 길로 다시 가서 바위 경사면 3m 정도 건너니까 좋은 길이 이어진다. 기가 막히고 어이가 없다. 바위 밑이 절벽도 아닌 보통 평범한 길이다. 꺼져가는 랜턴에 비친 바윗길이 희미해서 분간을 못 했다. 이제야 절경의 아름다움이 눈에 들어온다. 둥그스름한 바위와 천 길 낭떠러지와 그 밑으로 보이는 까마득한 계곡은 현기증이 날 정도로 아름답다. 이 아름다운 곳에서 하룻밤 자 본 것도 좋은 추억으로 간직하자고 애써 자위해본다.

천천히 아주 천천히 걷는다. 싱그러운 아침 내려가는 길, 계곡의 물소리가 정겹다.

(2002. 7. 27. 백두대간 백복령~댓재 구간)

공중전화 부스 안의 고독

한계령에서 출발하여 대청봉을 찍고 회운각에서 하룻밤 잔다. 좁은 대피소의 밤은 칼잠 그 자체다. 워낙 사람이 많아 바로 눕지 못하고 옆으로 누워야 한다. 자다가 화장실 다녀오면 그새 옆 사람에게 내 자리는 침범당하고 만다. 단풍이 절정인 시기라 어쩔 수 없다. 한숨도 못 자고 뒤척이다가 아침을 맞는다. 오늘이 백두대간 기간에 가장 센티멘털하고 가슴 저린 하루가 된다.

□ 잠보다 산이 더 좋은 사람들

밤새 잠 못 잔 사람들도 날이 밝으니 꾸역꾸역 짐을 꾸리고 산행 채비를 한다. 라면 끓이는 사람, 밥하는 사람, 커피 마시는 사람들로 북적인다. 산에서는 라면이 단연 인기다. 대피소에 마련된 작은 진열대의 품목들은 없어서 못 판다. 관리인이 왕이고 고객은 졸卒이다. 밤중에 신발이 없어졌다고 찾으러 다니는 사람도 있다. 산중에서 등산화를 도둑맞았으니 얼마나 황당하겠나. 대부분의 산꾼은 그러지 않는데 단풍철이라 나쁜 심보를 가진 얼치기 산꾼이 섞인 모양이다.

무너미 고개에서 직진하여 그 유명한 공룡능선으로 접어든다. 벌써 많은 사람이 앞서가고 있다. 희운각에서 잤던 사람, 대청봉 쪽에서 일찍 내려온 사람, 양폭에서 올라온 사람 등. 공룡능선도 길을 벗어나지 않는다면 별로 위험하지 않다. 많은 사람으로 길이 정체된다. 마주 오는 사람들이 지나가기를 기다리는 시간이 갈수록 길어진다. 도시에서만 정체되는 게 아니다. 산에서도 정체가 된다.

화채능선에서 떠오르는 일출이 장관이다. 아름다운 광경에 넋을 잃는다. 긴 걸음은 비록 힘들지만 이런 보상도 있다. 바다에서 보는 일출보다 산에서 보는 일출은 또 다른 매력이 있다. 비단처럼 겹겹이 둘러쳐진 능선 위로 살며시 내미는 둥근 불덩이는 한 폭의 동양화다. 비선대와 설악동 방향의 쏟아질 듯한 조망은 일품이다. 뒤쪽 대청 중청 소청으로 둘러쳐진 자연 병풍도 압권이다.

오가는 사람들도 제각기 표정과 차림새가 독특하다. 시커먼 안경을 저마다 하나씩 끼고 한껏 폼 잡는다. 나처럼 양쪽 손에 스틱을 잡고 걷는 사람은 없다. 오세암 삼거리를 지나고 마등령에 도착하니 세 시간이 훌쩍 지나간다. 마등령에는 더 진행 못 하도록 출입금지 푯말이 세워져 있다. 여기서부터는 자연휴식년제다. 주변의 눈

치를 보면서 재빨리 출입금지 푯말 뒤로 숨어들었다. 백두대간 종주자의 특권이 아니다. 나는 가야 한다. 이유는 그것밖에 없다. 대신에 자연은 절대 훼손하지 않는다. 국립공원 일부의 출입금지구역이 백두대간 종주자들의 제일 애로사항이다. 위법에 대한 양심고백을 하고 판단은 독자에게 맡긴다.

갑자기 조용하다. 비로소 시끌벅적한 사람들을 벗어났음을 실감한다. 이제야 진짜 백두대간 길 같다. 깨끗하고 사람도 쓰레기도 없다. 아무도 없다. 단풍으로 물든 아름다운 경관이 진정으로 느껴진다. 자연과 내가 동화가 된다. 홀로 걷는 사람에 대한 축복이다. 마음을 텅 비우게 된다. 높은 무명봉을 지나니 너덜 길이 나오고, 또 무명봉을 지나니 너덜 길을 만나고를 반복한다.

백두대간 종주자 두 명이 맞은편에서 오고 있다. 저들도 위법을 하고 있다. 아무도 없는 산에서 사람을 만나면 무조건 반갑다. 살이 통통하게 오른 커다란 오이를 하나씩 쥐고 온다. 먹고 싶다. 그러나 나눠 달라는 말은 나오지 않는다. 내 시선은 정통으로 오이에 박혔다. 서로 인사만 하고 눈치 없이 그냥 지나간다. 조금만 나눠주면 되겠는데, 미련이 남아 한참을 돌아본다. 하산하면 오이를 실컷 먹어야겠다.

저항령 직전 봉우리에서 늦은 점심을 먹는다. 바람이 제법 차다. 멀리 속초시가 손에 잡힐 듯하다. 황철봉 오름길은 온통 너덜이다. 가도 가도 너덜이 끝이 없다. 너덜의 돌은 부피가 크다. 돌과 돌 사이에 빠지면 부상을 당한다. 조심조심 징검다리 건너듯 한다. 황철봉 정상에도 표지석은 없고 너덜만 반긴다. 정상을 지나 내려가는 길에서도 넓고 긴 너덜을 만난다. 너덜이 진절머리 날 지경이다.

우측에 울산바위가 발아래 있다. 단풍 숲속에서 흰 머리만 빼꼼 내민 형상이다. 설악동에서 올라오면 웅장한 형상이지만 뒤에서 보니 나지막하게 보인다. 울산바위에 오른 사람들의 야호 소리가 여기까지 들린다. 사람들의 모습이 개미처럼 작다. 오늘 코스 경관의 백미는 바로 울산바위다.

□ 미시령 내림길의 센티멘털리스트

드디어 저 아래 미시령의 꼬불꼬불한 길이 보인다. 차량이 정체될 정도로 상당히 많다. 미시령은 작고 한적한 고개인 줄 알았는데, 엄청 사람이 많고 번잡하게 보인다. 성수기라서 그런가. 휴게소에서 위로 바람 타고 들려오는 노래가 70년대를 주름잡던 가수들의 포크송이다. 안 그래도 고독해지려는 홀로 대간꾼의 마음을 어찌 알고 그런 노래를 트는가. 가슴이 저린다. 대학 저학년 때 잠 못 이루며 듣고 부르던 노래들이다. 옛 생각이 절로 나면서 상념에 잠긴다. 나도 모르게 눈물이 맺힌다.

내일이면 백두대간의 종착에 다다른다는 것이 더욱 마음을 울컥하게 만든다. 누구든지 홀로 백두대간을 걸어보라. 마지막에는 어떤 마음이 드는지.

"빗소리 들리면 떠오르는 모습. 달처럼 탐스런 하얀 얼굴. 우연

히 만났다 말없이 가버린 긴 머리 소녀야. 눈먼 아이처럼 귀 먼 아이처럼 조심조심 징검다리 건너던 개울 건너 작은 집에 긴 머리 소녀야. 눈 감고 두 손 모아 널 위해 기도하리라."

"하얀 손을 흔들며 입가에는 예쁜 미소 짓지만, 커다란 검은 눈에 가득 고인 눈물 보았네. 네가 멀리 떠난 후 나는 처음 외로움을 알았네."

□ 미시령의 고독한 밤

노랫소리가 점점 커지면서 미시령으로 내린다. 오후 4시다. 200대가 넘어 보이는 차들이 휴게소 마당에 빼곡하다. 여태 걸어온 백두대간 고개 중에 제일 번잡하다. 휴게소 안에는 종합백화점처럼 넓고 음식점 기념품점이 있다. 막걸리에 동동주에 술도 종류별로 없는 게 없다. 설렁탕에 밥 두 그릇을 게 눈 감추듯 먹어 치운다. 강원도 더덕 동동주도 두 통 비운다. 아까 대간 길에서 그리 먹고 싶었던 오이를 주인한테 얻어 맛있게 음미하며 먹는다. 태어나서 그렇게 맛있는 오이는 처음이다. 음식 맛은 사람의 상황에 따라 얼마나 달라지는지 체험한다.

다른 대간꾼들은 속초로 내려가서 여관에 자고 내일 올라올 것이지만, 나는 그럴 돈이 없다. 숙박비와 택시비도 만만찮다. 무엇보다도 백두대간을 홀로 걸으면서 호사스럽게 밤을 지내는 것이 마음에 내키지 않는다. 그것을 최고 가치로 삼고 긴 백두대간 길을 여태 견뎌왔다. 마지막에 와서 나의 가치를 흐트러트리기 싫다. 거지 종주도 그만한 가치가 있다. 아니 백두대간은 그렇게 걸어야 한다. 그것이 진정한 백두대간 종주다. 어차피 인생에 한 번 있는 일이 아닌가.

내일이면 진부령에 도착할 것이고 오늘이 마지막 밤이므로 뜻있게 보내야 한다. 내가 말하는 뜻 있는 밤이란 화려하고 거창한 밤이 아니다. 미시령 한쪽 구석에서 구겨져 망가지고 싶다. 그것이 내가 말하는 뜻 있는 밤이다. 내가 처한 힘든 상황을, 망가짐으로써 극복하고 싶다. 사람은 막다른 길에 다다랐을 때 무엇이든 감수할 수 있다. 나는 무엇 때문에 천 리 먼 길을 홀로 걸어왔는가. 나는 누구인가.

아직 해는 중천에 걸렸고 어두워질 때까지 시간은 넉넉하다. 미친놈처럼 휴게소 주위를 서성인다. 오가는 표정들은 다들 즐거움에 들떠있다. 나만 빼고 세상 사람들 모두 사는 게 즐겁고 행복해 보인다. 긴 백두대간 길에서 이처럼 한가롭게 여유를 부린 적은 없었다. 거지 종주자의 특권이다. 속초로 내려갔으면 이런 맛을 모른다.

화장실에서 비누로 깨끗하게 씻는다. 땀에 젖은 옷에서 쉰내가 진동한다. 지리산에서 출발하여 7개월 동안 매 주말마다 걸었는데 거울에 비친 얼굴은 말끔하다. 거지 팔자는 아닌 모양이다. 좋은 피부를 주신 어머니가 떠오른다.

저녁이 되면서 어두워진다. 비박 장소를 물색한다. 이때 기가 막힌 비박 장소가 눈에 들어온다. 파란색 공중전화 부스다. 공중전화

부스 총 네 개 중에서, 두 개는 휴게소 앞 가운데에 있고, 두 개는 서쪽 외딴 구석에 있다. 한참을 지켜보니 아무도 사용하지 않는다. 오늘 밤 대구 거지의 비박 장소로 정한다. 말이 비박이지 이건 노숙이다. 산중이 아니기 때문이다. 한 번쯤 노숙을 경험하는 것도 좋지 않은가.

라면 박스를 몇 개 구해 부스 안에 깔았다. 공중전화 부스 문을 활짝 열어 고정한다. 공중전화 부스가 좁아 상체를 공중전화 부스 안에 넣고 하체를 밖으로 내놓는다. 영락없는 반 평짜리 내 집이 되는 순간이다. 밤 12시가 넘도록 차들이 드나드는 소리가 들린다. 바람은 무척이나 세게 분다. 소문으로 듣던 미시령 똥 바람을 체험한다. 공중전화 부스가 없었다면 저체온에 걸리기에 십상이다. 이런 추억 누가 만들어 주겠나. 처녀 하나가 전화를 하러 들어오다가 나를 발견하고 깜짝 놀란다. "어. 사람이다." 12시에 노래가 그치고, 새벽 1시경에 비로소 주변이 조용해진다.

여름 침낭을 덮었으나 다리가 공중전화 부스 밖으로 나와 무척이나 춥다. 일어나 하체를 공중전화 부스 안으로 집어넣고 상체를 밖으로 하고 누웠다. 아까와는 반대로 된 자세다. 훨씬 덜 춥다. 다만 사람들이 지나가다가 나를 밟을까 봐 걱정된다. 어차피 잠자기는 틀렸다. 노래도 차 소리도 없어지니 문득 외롭다. 표현할 수 없을 정도로 고독하다. 가슴이 저며 온다. 꿈이라면 좋겠다.

(2002. 10. 12. 백두대간 회운각~미시령 구간)

오지에서의 겁나는 비박(1)

첩첩산중에서 텐트도 없이 홀로 맨땅에서 자는 건 2년 만이다. 오랜만에 안 하던 짓을 하려니 무서운 생각이 든다. 백두대간을 마치고 2년이 지난 후 시작한 낙동정맥도 어느덧 후반에 접어들었다. 홀로 야간산행도 해 봤다. 새벽 4시에 깜깜한 오지 구간 들머리로 들어가는 경우도 있었다. 하루 만에 걸어야 하는 긴 구간일 경우 어쩔 수 없이 그리해야 된다. 단독종주의 어려움이다.

야간산행과 비박은 느낌이 전혀 다르다. 밤중이지만 랜턴을 비추며 계속 움직이느냐, 암흑 속에서 맨땅에 의식 없이 누워 밤을 보내느냐의 차이다. 사람이 움직일 때는 정신이 살아있으므로 긴장 속에서도 두려움이 덜하다. 텐트가 있느냐 없느냐의 차이도 크다. 텐트가 있으면 야영이고 없으면 비박이다. 비박은 몸이 고스란히 밖으로 노출된다. 비박을 하더라도 좋은 깔판이 있으면 좀 낫다. 여

름 산행에서 물 무게만 해도 무거운데 좋은 깔판은 언감생심이다. 얇고 가벼운 여름용 침낭과 이슬을 막아주는 비닐이 전부다. 비박은 바로 노숙이다.

올해 무더위는 상상을 초월한다. 9월 초순이지만 열기가 식을 줄 모른다. 이틀간 영양군 창수령에서 발리재까지 42㎞를 진행한다. 낙동정맥에서는 제일 오지라 해도 과언이 아니다. 독경산 백암산 검마산을 거느리고 있다.

첫날 백암산까지 진행하여 정상에서 비박을 할 예정이었다. 하지만 무더위라는 복병에 시달리다가 윗삼승령까지 오니 이미 18시다. 땀을 많이 흘려 탈진하고 힘이 빠져 더 진행은 무리라는 판단이 선다. 비박하고 내일 일찍 서둘러 진행하기로 마음먹는다. 오지 고개인 윗삼승령엔 제법 너른 임도林道가 있다. 비박 장소로는 그런대로 괜찮다. 다만 물이 없는 것이 흠이다.

어둡기 전에 임도 가운데 잘 다져진 땅을 찾아 얇은 침낭을 깐다. 이런 경우를 맨땅에 헤딩한다고 한다. 땅바닥이 뽀송뽀송하여 습기가 없어 다행이다. 약간 경사져서 눕기도 좋다. 배낭에서 온갖 물건을 다 꺼내 놓고 보니 노숙자 한 살림이다. 땀에 젖은 옷을 다 벗는다. 누드 상태로 땀을 닦아도 아무도 보는 이 없다. 옷을 갈아입으니 살 것 같다.

땅바닥 밥상을 차린다. 무김치 콩잎 고추 양파 된장, 그리고 장조림까지 있는 진수성찬이다. 소주 한 병 다 비웠다. 알딸딸하다. 산의 왕이 된 기분이다. 펼쳐 놓은 침낭은 벌써 내린 이슬에 촉촉이 젖어 눅눅하다. 하늘엔 엷은 구름이 제법 끼었다. 19시가 넘어가면서 사위가 제법 어둑해진다. 큰 물통을 베고 침낭 안에 몸을 집어넣고 누웠다. 침낭 위에 비닐을 덮었으나 다 덮이지 않는다. 이슬받이 역할을 기대하기는 틀렸다. 이리저리 흩어져 뒹구는 살림살이는 배낭에 집어넣고 덮개를 씌웠다.

스틱 하나는 길게 빼서 왼쪽에 눕혀 놓고, 나머지 하나는 짧게 해서 오른쪽에 꽂았다. 혹시나 어떤 무식한 짐승이 달려든다면 긴 무기도 필요하고 짧은 무기도 필요하다. 온종일 나의 무릎을 보호해 주던 스틱이 밤에는 호신용으로 쓰인다. 접이식 과도果刀는 독경산에서 쓰다가 잃어버렸다. 가장 강력하고 좋은 무기였는데 아쉽다. 대신에 빈 소주병을 머리맡에 세워 놓았다. 팩 소주가 아닌 병 소주를 가져와서 다행이다. 여차하면 병을 깨서 무기로 사용할 예정이다. 호루라기와 헤드랜턴이 든 비닐 주머니는 언제든지 꺼내기 쉽게 열어 놨다. 나머지 헤드랜턴 하나는 침낭 안에 넣고 손에 쥐었다.

임도의 절개지 위로는 짙은 숲이다. 임도는 낮고 숲은 높은 곳에 있다. 숲에 있는 짐승들이 지켜본다면, 아주 조잡스러운 무기를 질서정연하게 나열해 놓고 가운데에 내가 누운 형국이다. 나는 불리한 아래쪽에서 완전히 노출되었고 적들이 있을 숲이 사방으로 포위하고 있다. 마음만 먹으면 순식간에 폴짝 뛰어내려 나를 덮칠 수 있는 거리다. 머리 좋은 짐승이 내려다본다면 코웃음을 칠 것이다. 고개를 돌려 가지런히 놓인 무기 아닌 무기들을 보니 헛웃음이 난

다. 아무리 무기가 있어도 잠들면 그만일 텐데 말이다. 인간은 대자연 앞에 나약하기 그지없는 존재라는 걸 새삼 느낀다.

깜깜한 밤중이 될 때까지 잠이 오지 않는다. 0시가 되니 지겨워지기 시작한다. 등도 배기고 불편하기 짝이 없다. 아직은 사방이 고요하다. 이름 모를 산새 소리만 멀리서 가끔 들린다. 두려움이 가시니 불현듯 외로움이 밀려온다. 나는 왜 여기 있는가. 여기는 어딘가.

침낭에 파묻힌 얼굴을 내어 하늘을 올려다본다. 구름 사이로 별 하나가 보인다. 그래, 저 별이 나를 지켜줄 거야.

별 하나 나 하나
너는 위에서 내려다보고
나는 밑에서 올려다보고.

산짐승과 전쟁을 치를 기대감은 점점 사라진다. 온갖 무기를 준비한 수고가 아까워진다. 초저녁에는 전혀 예상 못 한 적이 나타났지만 기대는 마시라. 바로 산중 모기였다. 더위 먹었는지 힘이 없어 몇 번 윙윙거리다가 가버렸다. 바닥은 싸늘하지만, 아직 견딜 만하다. 몸은 피곤하지만 잠은 쉽게 안 온다. 오히려 평소보다 더 말똥말똥하다.

정신이 맑으니 잡생각이 나기 시작한다. 이 잠자리가 위치한 울진 영덕 봉화지역 오지 산중에 표범이 나타났다느니, 누가 본 사람이 있다느니 하는 텔레비전 기사가 생각났다. 큰 멧돼지를 내장만 다 파먹고 나무에 올려놨다는 기사도 있었다. 하필 근래에 그런 기사가 나올 게 뭐람. 이리저리 뒤척이다가 어느새 얕은 잠이 들었다.

어느 순간에 어디에선가에서 "커억 캐엑" 소리가 들려온다. 멀리서 들려오는 듯하다가 가까이서 들려온다. 멧돼지 소리는 아니다. 멧돼지는 몇 번 만나봤기 때문에 소리에 익숙하다. 난 멧돼지 소리 외에는 모른다. 개 짖는 소리도 아니다. 이 산중에 개가 있을 리도 없다. 몇 마리가 되는 느낌이다. 바짝 긴장되고 공포감이 몰려온다. 눈을 돌려 옆을 보니 스틱과 소주병은 그대로다.

갑자기 차단기 너머 덜 다듬어진 흙이 있는 방향에서 두 개의 불빛이 보인다. 불빛은 천천히 아주 천천히 이리로 다가온다. 파란빛을 띠는 불빛은 으스스하게 보인다. 불빛의 대략적인 높이로 보아 송아지만 한 큰 짐승이 틀림없다는 생각이 든다. 발소리조차 들리지 않는다. 여태 들리던 "커억" 소리도 없다. 가만가만 다가오기만 한다.

순간적으로 나는 무엇을 해야 할지 머리가 멍해진다. 머리맡에 놓인 무기 나부랭이들은 이미 잊어버렸다. 누운 자세로 굳어버렸다. 고개도 돌리지 못하고 꼼짝도 못 하였다. 그러다가 50m 정도로 가까워졌을 때 가만히 침낭 속 랜턴을 움켜쥐었다. 이대로 당할 수는 없다는 생각이 들었다. 우선 랜턴의 스위치를 올려 비추며 경고를 보내야겠다는 마음이 들었다. 그러고 난 뒤에는 벌떡 몸을 일으키며 짧은 스틱을 움켜쥐어야겠다고 생각했다.

하지만 그것은 어디까지나 머릿속의 생각일 뿐이었다. 도저히 랜턴을 쥔 손가락이 움직이지 않았다. 두 불빛은 나를 향해 천천히 다가오고 있었다.

'아이고 하나님요! 할배요! 나 좀 살려주소.'

(2004. 9. 4. 낙동정맥 창수령~윗삼승령 구간)

오지에서의 겁나는 비박(2)

"어~어~허~어~헉!"

짐승이 나를 덮치려는 마지막 찰나에 극적으로 하나님이 나를 살려주셨다. 꿈이었다. 스치듯 선잠을 두어 시간 잤다. 온갖 무서운 잡생각을 하며 잠들었으니 어찌 이런 꿈을 꾸지 않을까.

다시 자기는 틀렸다는 생각이 든다. 새벽 두 시밖에 안 됐다. 등에는 식은땀이 뱄다. 손은 랜턴을 꽉 움켜쥐고 있었다. 갑자기 긴장이 풀리며 몸이 늘어진다. 힘이 없다. 일어나기도 싫다. 꼼짝없이 누웠다. 두 눈만 말똥말똥하다. 하늘을 올려다본다. 그동안 구름이 말끔하게 없어져 버렸다. 하늘엔 별이 천지다. 큰 별 작은 별 아빠 별 아기 별. 은하수 띠가 손에 잡힐 듯 선명하다.

별들이 시위하듯 흩어진 하늘 한가운데에 유독 큰 별이 하나 있다. 달님이다. 보름이 지나고 얼마 되지 않았으니 반달보다 훨씬 크다. 임도를 유난히 밝게 비춘다. 반면에 숲은 더욱더 짙고 어둡다.

이때 맞은편 숲에서 "커억 캐액" 소리가 들린다. 꿈속에서 듣던 바로 그 소리다. 이건 분명 꿈이 아니다. 꿈에서 들었던 그 소리는 현실의 소리였다. 다만 꿈에서 본 그 무시무시한 불빛은 보이지 않는다. 소리는 이쪽저쪽 숲에서 들려온다. 여러 마리의 소리다. 기분 나쁘고 음침한 소리다. 성량으로 보아 작은 짐승은 아니다. 오히려 멧돼지 땅 파는 소리가 그리워진다. 오지에서 마음대로 소리를 지르는 걸 보니 배짱도 좋은 놈이다.

침낭에서 빠져나오기가 꺼려진다. 그대로 미적거린다. 소리만 지르지 말고 차라리 이리로 나와서 나하고 통성명이나 하면 좋겠다. 얼굴이 어찌 생긴 놈인지 궁금해진다. 나는 놈한테 흑심이 없다. 사람 발길이 적은 낙동정맥의 오지는 산짐승들이 많음을 실감한다. 그만큼 때 묻지 않았다는 방증이다.

길고 긴 밤을 그렇게 화려하게 보냈다. 밥은 가다가 먹기로 한다. 주섬주섬 옷을 입고 짐을 챙긴다. 새벽 4시가 조금 넘었다. 6시가 돼야 날이 밝아올 것이다. 아직은 캄캄한 어둠이다. 그래도 어쩔 수 없다. 그대로 진행하기로 한다. 막상 옷을 입고 준비하고 나니 두려움이 가신다. 바로 어둠 속으로 숨어들어 간다. 랜턴 하나는 머리에 쓰고 하나는 손에 쥐었다. 스틱을 쥔 손에 랜턴을 함께 쥐었으니 불편하지만 어쩔 수 없다. 불이 두 개면 짐승들이 보고 두 명이라고 착각할 것이다. 무엇보다도 길이 흐릿하기 때문에 불이 두 개라야 한다.

고함을 힘차게 질렀다. "우와" 호루라기를 몇 번 힘차게 불었다. "삐리릭" 저쪽에서 멧돼지가 그르렁거리며 화답을 한다. 멧돼지가 가장 먹이활동을 활발하게 하는 시간이다. 이젠 멧돼지는 친구같이 편하다. 백두대간에서 덩치 큰 멧돼지와 만난 경험이 있었기 때문이다. 갑자기 산새가 푸드덕 날아간다. 미안하다. 고래 등 싸움에 새우 등 터지는 격이다. 아까 배낭 뒤에 작은 종도 매달았다. 땡그랑 경쾌한 종소리가 아침을 깨운다. 종소리를 들으면 뱀이나 짐승이 알아서 피한다.

나는 이 산의 손님이다. 산에 사는 모든 생명이 주인이다. 그걸 잊으면 안 된다. 조금 전에 소리 친 행동이 미안하다. 발걸음을 조용조용 옮긴다. 잠은 못 잤지만, 숲의 깨끗한 공기를 마셔서 그런지 컨디션은 그런대로 괜찮다. 산에 다니면서 자연의 위대함을 몸소 체험한다. 알게 모르게 마음이 성숙해진다.

힘겹게 걷고 또 걷는다. 백암산은 종주길에서 비켜나 있다. 배낭을 벗어두고 백암산까지 왕복한다. 백암산의 조망은 그야말로 호탕하다. 동해가 손에 잡힐 듯 보인다. 오늘의 하이라이트다. 후반부로 갈수록 진도가 더디다. 힘이 빠졌기 때문이다. 가만히 있어도 땀이 뻘뻘 나는 무더위다. 기록을 갈아치운 올해 여름이 아닌가. 이틀간 연속 산행에 힘이 남는다면 거짓말이다.

마지막 주봉인 검마산에서 점심을 배불리 먹는다. 그 이후에도 7시간을 더 걸어, 배가 푹 꺼지고서야 발리재에 닿는다. 이틀간의 길고 긴 여정이었다. (2004. 9. 5. 낙동정맥 윗삼승령~발리재 구간)

입으로 들어가서 입으로 나오는 양주洋酒

23시 37분 동대구에서 강릉까지 가는 무궁화를 탔습니다. 낙동정맥 피재~석개재 구간을 걷기 위해서입니다. 기차는 다섯 시간을 달려야 목적지인 통리역에 도착합니다.

밤기차에는 타자마자 자는 사람들만 있는 줄 알았습니다. 아니었습니다. 술만 먹는 사람들도 있었습니다. 내 자리 바로 뒤에 앉은 부부인지 친구인지 모를 이상야릇한 분위기를 풍기는 남녀 한 쌍이 그리합니다. 부산에서부터 타고 왔던지, 이미 빈 양주병이 하나 널브러져 있었습니다. 술이 술을 부른다고, 또 한 병을 꺼내더군요. 둘이서 뭐가 그리 좋은지 소곤소곤 술잔을 주고받았습니다.

소주나 맥주는 냄새가 안 나는데, 양주는 냄새가 진동했습니다. 아마도 도수가 높은 술이었나 봅니다. 술이 들어가면서 소곤거리는 소리가 점점 높아지더니 내 자리까지 들립니다. 뒤로 흘낏 돌아보니 양주잔은 자그마한 황금 술잔이었습니다. 두 사람의 입은 쉬지 않았습니다. 끊임없이 술이 들어가기도 하고 말이 나오기도 했습니다. 입으로 들어간 양주는 동시에 말이 되어 입으로 돌아 나오는 신기한 현상을 처음으로 보았습니다.

둘 다 시커먼 기능성 등산복을 입었습니다. 머리 위 선반에 등산 배낭도 있었습니다. 설악산이니 뭐니 하는 이야기가 나오는 거 보니까, 목적지는 거기인가 봅니다. 나는 밤새 잠자기 틀렸다는 생각이 들었습니다. 그래도 의자를 젖히고 잠을 청했습니다. 눈을 꼭 감았습니다. 잠을 자야 긴 산행을 할 수 있습니다. 그때 창가에 앉은 여자가 양주를 한 잔 비우고는 빈 잔을 창틀에 놓았습니다. 잔에서 독한 양주 냄새가 솔솔 앞좌석으로 넘어왔습니다. 양주 냄새가 그리 독한 줄 처음 알았습니다.

안주로 오징어를 찢어 먹더군요. 오징어 냄새도 어김없이 앞자리로 건너왔습니다. 사람이 어지간히 이야기하고 나면 지칠 법도 한데, 두 남녀의 입은 한 번도 쉴 줄을 몰랐습니다. 독한 양주가 두 병이나 입으로 들어갔는데 쉽게 지치겠습니까. 그들이 원기 왕성해질수록 나는 잠도 못 자고 피곤함에 지쳐갔습니다.

김천역 상주역 점촌역을 거치고도 그대로입니다. 그 순간 머릿속에서 번개처럼 떠오르는 생각이 있었습니다. 기차 안을 그때서야 휙 둘러봤습니다. 밤차라서 거의 빈자리였습니다. 나는 여태 그 생각을 못 했습니다. 나는 바보였습니다. 차표에 선명하게 찍힌 번호에만 앉아야 한다는 강박관념에 사로잡혀있었나 봅니다. 저 멀리

빈자리로 옮겼습니다. 빈 의자 두 개를 마주 보게 돌렸습니다. 다리를 쭉 뻗어 편하게 누웠습니다. 천국을 찾았습니다. 기차는 영주역을 지나고 있었습니다. 다행히 통리역까지 한 시간 반을 숙면했습니다. 꿀잠이 산행의 원동력이 되었습니다.

덕분에 술을 먹을 때는 반드시 예의를 지켜야겠다는 반성을 했습니다. 황금 양주잔 남녀를 남겨두고 내린 작은 시골 역인 통리역에는 택시 여섯 대가 줄지어 손님을 기다렸습니다. 백두대간이나 낙동정맥을 하면서 택시를 절대 타지 않음을 철칙으로 삼지만, 오늘 같은 특별한 새벽에는 어쩔 수 없습니다. 내가 탄 택시 외에 나머지 택시는 공칩니다. 지치고 실망한 표정이 역력한 기사들의 뒷모습이 눈에 밟힙니다. 오늘날 우리나라 경제를 말해주기 때문입니다. 나도 예외는 아니어서 동류의식을 느낍니다. 저들 눈에 비치는 부정부패 뉴스 기사들은 어떤 반향을 일으킬까요.

새벽의 통리 택시는 정선군 임계 쪽으로 방향을 잡고 태백시를 거쳐 삼수령을 향하여 구불구불 오릅니다. 나는 매의 눈으로 창밖을 내다보며 삼수령 직전 작은 피재를 찾아냅니다. 기온이 뚝 떨어져 날씨가 춥습니다. 깜깜한 임도 입구 차단기를 지나 오늘의 영업을 시작합니다. 감흥도 없었습니다. 무덤덤하게 길만 보고 걸었습니다. 날이 밝기 전이라 길이 흐릿했습니다. 오로지 가야 한다는 마음뿐이었습니다. 빨리 해가 떴으면 좋겠다는 생각밖에 안 들었습니다.

아침을 밝히는 붉은 기운이 비칩니다. 붉은 기운은 희망입니다. 희망은 기운을 솟게 만들어 줍니다. 깜깜한 밤만 존재한다면 결코 희망도 없을 것입니다. 세 시간 만에 다시 돌아온 통리역은 제법 시끌벅적했습니다. 택시는 온데간데없고 시내버스가 지나갔습니다. 역전식당에서 된장찌개를 주문해두고 통리역 화장실에서 편한 고무줄 바지로 갈아입었습니다. 밥 한 그릇이 적은 느낌이 들었지만, 돈이 아까워 추가 주문을 하지 않았습니다. 대신에 반찬을 싹쓸이했습니다. 그런대로 배가 불러옵니다. 덕분에 식당 주인은, 오늘 첫 손님의 뒷설거지할 일은 없었을 것입니다.

다시 부지런히 걸어 백병산까지 도착했습니다. 정상 부근은 아주 넓은 공터였습니다. 여기서부터 종점인 석개재까지 반복되는 길을 줄기차게 걸었습니다. 온종일 걸었습니다. 홀로 외롭게 걸었습니다. 키가 무릎 아래까지만 오는 듬성듬성한 산죽밭과 빼곡한 산죽밭, 키가 가슴까지 올라오는 듬성듬성한 산죽밭과 빼곡한 산죽밭, 키보다 훨씬 높은 듬성듬성한 산죽밭과 빼곡한 산죽밭. 그리고 앞이 안 보일 정도로 우거져 오로지 발의 감각만으로 헤치고 나가야 하는 산죽밭.

구랄산에서 끝도 없이 뚝 떨어졌다가 다시 올라가야 하는 면산은 2시간이 넘는 난코스였습니다. 면산이 아니라 먼산이라고 해야겠습니다. 하도 힘이 들어 구랄산을 지랄산으로, 면산을 먼산으로 내 맘대로 바꿔 불렀습니다. 눈앞에 빤히 보이는 저 산이 면산이겠거니 하고 올라보면 면산은 저기 달아나 있었습니다. 속고 속기를 여러 번 반복하다 보니 저절로 힘이 소진되었습니다. 다리는 후들거리고 목은 탔습니다. 물은 이미 미지근해졌습니다. 오줌은 노랗

게 찔끔 나왔습니다.

'오르고 또 오르면 못 오를 리 없건만은….'이라는 말이 맞았습니다. 면산을 오르고 나니 다음부터는 누워서 떡 먹기였습니다. 너무 힘든 길을 넘어버리면, 어지간히 힘든 길도 쉬어 보입니다.

드디어 석개재에 도착했습니다. 멀고 먼 여정이었습니다. 하루에 마치기 힘든 길이었습니다. 석개재 동쪽은 강원도 양양이고 서쪽은 경북 봉화군입니다. 한참으로 서성이다가 다행히 지나가는 차량을 얻어 탔습니다. '히치하이크'이라고 합니다. 백두대간과 낙동정맥을 홀로 종주하면서, 팔자에도 없는 히치하이크 전문가가 되었습니다. 나도 모르게 낯바닥이 두꺼워졌습니다. 어쩔 수 없었습니다. 선택의 여지가 없었습니다. 나를 태워준 기사는 버섯 채취꾼이었습니다.

작은 오지마을 석포면에는 민박집 한 군데와 여인숙 두 군데가 있었습니다. 면사무소 파출소 교회 중학교도 있었습니다. 자그마한 동네에 있을 건 다 있었습니다. 식당이 딸린 민박집에 들어갔습니다. 하룻밤에 2만 원이었습니다. 따뜻한 밥 한 덩어리가 들어가니 살 것 같았습니다. 그제야 사람 모양이 제대로 났습니다. 내일도 오늘만큼 걸어야 합니다. 이틀간 50㎞를 걷는다는 건 힘든 일입니다. 그래도 해야 합니다. 무엇을 위해서가 아닙니다. 나와의 약속이자 산과의 약속입니다. 약속을 지키면 희망이 찾아오리라는 소박한 기대가 내 가슴속에 있습니다.

(2004. 10. 2. 낙동정맥 피재~석개재 구간)

꽃마중

거창휴게소까지 단숨에 달려왔다. 게으른 휴일 아침에 뜬금없이 마음먹었다. 이게 나의 산행 방식이다. 휴게소 뒤편에 병풍처럼 둘러쳐진 산이 비계산이다. 언뜻 올려다본 웅장한 산세는 위압감을 주기에 충분하다. 툭 건드리면, 고속도로 쪽으로 쏟아질 듯 우뚝하다. 이런 산은 호탕한 조망을 미끼로 산꾼들을 유혹한다.

감히 접근을 못 할 정도로 가파르게 보이지만, 나는 알고 있다. 틀림없이 속살은 부드럽고 따뜻하다. 마음을 열고 다다가 안기면 기꺼이 안아준다. 걸음마다 스스럼없이 등을 내어준다. 품고 있는 모든 것들을 아낌없이 보여준다. 휴게소 뒤편에 정상으로 올라가는 길이 있다. 이정표를 미리 봐 뒀다.

들머리에 발을 들여놓는다. 가슴이 뛴다. 첫 만남이어서 더욱 설렌다. 미지의 산길을 걷는다는 것은 미지의 세계를 경험하는

거다. 산이 품고 있는 모든 것과 처음으로 만나지만, 아무도 나를 거부하지 않는다. 흙과 숲의 품은 한없이 넉넉하다. 꿈틀거리는 생명들과 온갖 식물들과 한몸이 되어 숨 쉰다. 가보지 않았던 길섶엔 어떤 꽃들이 있을까.

스틱이 흙을 찍는 소리, 발걸음 소리, 숨소리만이 적막함을 깬다. 조심조심 한 걸음 한 걸음 내디딘다. 나는 주인이 아니다. 손님이라는 걸 잊어서는 안 된다. 주인은 이 산에 사는 모든 생명이다. 그게 산꾼이 갖춰야 할 예의다. 백두대간을 홀로 걸으면서 깨우쳤다. 오름길에서는 허리를 숙이고 자세를 낮추어야 한다. 위대한 자연의 가르침이다.

한 그루 철쭉이 눈앞을 환하게 밝힌다. 사람으로 온통 뒤덮인 황매산을 피해 일부러 여기로 왔다. 잘한 선택이다. 나는 드문드문 핀 철쭉이 더 좋다. 푸르름 속에서 연분홍이 빛을 발하는 호사를 누린다. **산철쭉**은 붉은 꽃을 피우고, **철쭉**은 연분홍 꽃을 피운다. 철쭉과 산철쭉의 차이다. 나는 연분홍이 좋다. 연함이 더 부드럽고 아름답다.

야트막한 능선을 지나니, 갑자기 길이 가파르게 이어진다. 편안한 길이 있으면 힘든 길도 있다. 앞서갔던 누군가도 나와 같은 길을 걸었으리라. 길을 통하여 앞서갔던 이들과 소통한다. 그들의 땀과 호흡이 스며들어 있기 때문에 외롭지 않다. 홀로 걷지만, 길 위에서는 결코 혼자가 아니다.

올망졸망한 연보라색 풀꽃이 화사하게 웃는다. 독한 솔잎을 뚫고 올라온 연한 잎이 안쓰럽다. 꽃을 피우기 위해 애쓴 흔적이 엿보인다. 저렇게 연약한 몸체에서 어찌 저리 이쁜 꽃을 피웠나. 어느 줄기는 꽃이 무거워 허리가 휘었다. 나뭇가지를 주워 살포시 받쳐 보지만 소용없다. 이름도 예쁜 **각시붓꽃**이다. 갓 시집온 새댁처럼 풋풋하고 아름답다.

또 다른 풀꽃이 이어서 바통을 받는다. 각시붓꽃과 색깔이 비슷해 보이지만 자세히 보면 전혀 다르다. 연한 하늘색이다. 작고 앙증맞은 잎으로 둘러싸인 작달막한 줄기에, 여러 개의 꽃이 하늘을 향해 피었다. 내가 늘 용담이라고 착각했던 녀석이다. **구슬붕이**라는 귀한 이름을 가졌다. 착각했던 게 떠올라 이 녀석을 만나면 늘 미안하다. 자존심 상했지?

길은 엎어질 듯 더욱더 가파르게 올라가지만 험하지는 않다. 적당하게 폭신폭신하고 먼지도 날리지 않는다. 쉬엄쉬엄 편하게 오른다. 급한 거 없다. 우거진 나무 사이로 쳐다보이는 하늘은 맑고 푸르다. 이름 모를 새소리도 들린다. 고사리 군락지가 눈에 띄어 비탈길을 미끄러져 가며 한 움큼 꺾어 넣었다. 고사리 좋아하시던 엄마 생각이 난다. 이맘때 한 보따리 따다 드리면, "아이고 고사리 반갑다!" 하시던 우리 엄마.

전혀 이름을 알 수 없는 꽃이 코앞에 기다리고 있다. 동그랗고 넓고 귀여운 잎은 자주 봤는데 꽃은 처음이다. 이름을 알아야 통성명을 하는데, 그러지 못함이 답답하다. 바위에 걸터앉아 인터넷을 검색한다. **알록제비꽃**이다. 제비꽃은 종류별로 거의 다 아는데 녀

석은 처음이다. 분홍색 계열이다. 새 친구 하나 사귄다. 알록제비.

주능선에 올라왔다. 해발 천 미터 이상의 마루금이다. 의상봉 우두봉 라인이 한눈에 들어오고, 비계산 정상부가 가까이 다가온다. 고속도로를 낀 거창 휴게소가 손바닥만 하다. 폴짝 뛰면 닿을 듯하다. 땀 흘린 만큼 보상은 온다. 걸음만큼 옮겨다 준다. 아무도 옮겨주지 않는다. 스스로 해야 한다. 걸음은 정직하고 길은 기다려준다.

노란 꽃이 보이기에 양지꽃이려니 했는데 아뿔싸, 제대로 안 봤으면 큰일 날 뻔했다. 내가 은혜를 잊지 못하는 **노랑제비꽃**이다. 홀로 백두대간 길에서 지치고 외로울 때면 어김없이 나타나 격려를 해줬다. 높은 산에만 피는 자존심이었으며 결승점이 가깝다는 신호였다. 그래서 나는 너를 잊지 못한다. 어려웠을 때 곁에 있어준 친구는 진정한 나의 친구다. 고맙다. 우리 다음에 둘이서만 오롯이 수필에서 만나자. 아쉽지만 오늘은 이만.

정상부 깎아지른 절벽에 때늦은 진달래가 매달렸다. 북향 고지대라서 남들보다 늦었구나. 늦은 만큼 아름답다. 절벽에 거꾸로 매달린 **진달래**도 내 마음에는 예사로 보이지 않는다. 매달려보면 아찔하고 스릴 있다. 다시 절벽을 벗어날 수 있는 용기가 있다면 말이다. 위기를 극복하고 나면 세상이 다시 보인다. 그것은 전혀 새로운 세상이다.

내려오는 길에서 **큰개별꽃 은방울꽃 줄딸기꽃 양지꽃**도 만났다. 저마다 좋아하는 높이에, 좋아하는 자리에 보금자리를 틀었다. 아무도 월세를 받지 않는다. 방 빼지 않아도 된다. 아무것도 가진 거 없지만, 그들만의 세상에서 다들 편하고 행복하다. 때 묻지 않은 화사한 몸짓들이 그것을 말해준다.

대구 인근 산들은 안 올라 본 산이 없다. 거창 비계산과 미녀봉만 못 가봐서 늘 숙제로 남았었다. 오늘 다녀온 비계산은 역시 실망하게 하지 않았다. 이 봄에 있어야 할 꽃들이 빠짐없이 길섶에서 기다리고 있었다. 계절이 바뀌면 또 다른 꽃들이 역할을 넘겨받는다. 아무도 질서를 깨트리지 않는다. 그게 자연이다.

꽃은 내년에도 그 자리에 핀다. 도망가거나 움직이지 않는다. 내가 마중을 나가야 비로소 꽃을 볼 수 있다. 해마다 2월 말이나 3월 초에는 꽃마중을 다녀왔다. 추운 겨울을 견디고 낙엽을 뚫고 올라온 꽃을 만나고 와서 나도 비로소 봄을 맞이했다. 올해 **꽃마중**은 많이 늦었지만, 꽃은 웃으며 용서했다. 산에서 만나는 꽃은 산과 닮았다.

(2019. 5. 4. 거창 비계산)

낙타봉과 쑥부쟁이

엎어질 듯 가파른 오르막을 헐떡이며 올라갑니다. 바위와 마사토가 절묘하게 어우러져 멋진 그림을 연출하는 등산길입니다. 내려갔다가 올라갔다가 하는 기복이 거의 규칙적인 능선입니다. 인근 주민들에게 낙타 등이라고 불립니다. 개중에서 제일 높은 봉우리를 낙타봉이라 합니다. 가까이 다가갈수록 우뚝 솟은 위용은, 주위의 고만고만한 봉우리 중에서 군계일학입니다. 정상에는 크지도 작지도 않은 아담하고 예쁘장한 바윗덩어리가 하늘을 이고 앉았습니다.

낙타봉에서 바라보는 조망은 호탕하기 그지없습니다. 하양 읍내가 발아래 펼쳐집니다. 폴짝 뛰면 닿을 듯 가깝게 다가옵니다. 저 멀리 대구 시내도 한눈에 들어옵니다. 앞과 뒤가 절벽으로 되어 있어 사방이 가릴 것이 없습니다. 눈이 즐거워지고 가슴이 뻥 뚫리는 듯 시원합니다. 거침없이 불어오는 바람은 오름길에서의 피로와 땀을 일거에 씻어줍니다.

낙타봉의 가을엔 쑥부쟁이와 구절초가 반겨줍니다. 바위틈에 핀 풀꽃은 끈질긴 생명력을 지니고 있습니다. 나는 바위 틈새에 매달린 쑥부쟁이를 제일 좋아합니다. 구절초와 함께 가을꽃의 대명사입니다. 산에 피는 수많은 풀꽃 중에서 내가 제일 먼저 통성명을 한 꽃도 쑥부쟁이입니다. 그런 의미에서 쑥부쟁이는 나의 첫사랑입니다. 내가 벼랑 끝에 매달려 있을 때, 내 인생에서 가장 어려운 시절에, 바위 절벽의 끝에 매달려 화사하고 깨끗한 얼굴로 나를 반겨주던 쑥부쟁이입니다. 아무도 손을 내밀어주지 않았던 고난의 절벽에 섰을 때 기꺼이 손을 내밀어 줬던 건, 바로 산이요 자연이요 쑥부쟁이였습니다. 조망도 좋지만 쑥부쟁이가 보고 싶어서, 그 가을에 사흘을 멀다고 낙타봉에 올랐습니다.

그날도 마찬가지로 낙타봉 정상 바위 위에 올라앉았습니다. 어디든 반겨주는 데가 없고, 갈 데가 거기밖에 없었다고 말하는 게 더 정확한 표현입니다. 김밥으로 간단한 요기를 하고 새삼스럽게 이리저리 둘러보았습니다. 이 멋진 봉우리가 낙타봉이라는 사실을 아는 이들도 별로 없던 시절이었습니다. 그냥 조망 좋은 무명봉쯤으로만 알고들 있었습니다. 봉우리에 이름표가 없었기 때문이지요. 그때 내 가슴속에서, 여태 느끼지 못했던 표현할 수 없는 의욕이 살아났습니다. 그래, 내가 여기에 이름표를 달아주자. 첫사랑 쑥부쟁이가 반겨주는 이런 빼어난 봉우리에 여태 이름표가 없다니 말이 되는가.

서둘러 산을 내려왔습니다. 늙은 애마를 몰고 팔공산 뒤쪽 치산 계곡으로 달렸습니다. 치산리 인근 하류 쪽 계곡으로 내려갔습니다. 이름표를 써 붙일 아담한 돌을 찾기 시작했습니다. 막상 찾으려니 모난 돌 천지였습니다. 그냥 무심코 지나칠 땐 그리 아름답게만 보이던 돌들이 말입니다. 너무 크면 나 혼자 옮기기가 어려우니 자그마한 돌만 찾으려니 더 어려웠습니다. 나의 첫사랑 쑥부쟁이와도 잘 어울리는 돌을 찾아 헤맸습니다. 두 시간 만에 세 개 정도의 후보 돌을 찾았습니다. 트렁크에 낑낑거리면서 실었습니다. 하양으로 와서 돌집에 맡기고 딸기체로 글을 새겨달라고 했습니다. 세 개의 후보 돌 중에 돌집 주인장이 한 개를 낙점해주었습니다.

이름을 새긴 자그마한 표지석을 집에 두고 밤새 선잠을 잤습니다. 오랜만에 가슴이 두근거렸습니다. 불면의 밤은 한두 번이 아니었지만, 가슴 두근거리는 불면의 밤은 처음이었습니다. 꿈에도 낙타봉의 쑥부쟁이가 나타났습니다. 쑥부쟁이는 쓸쓸해 보이면서도 환하고 아름다웠습니다.

아침을 먹자마자 이름표를 차에 싣고 산 들머리로 들어섰습니다. 배낭에 신문지를 두툼하게 깔고 이름표를 넣으니 겨우 들어갔습니다. 무거운 돌이라서 배낭이 아래로 축 늘어졌습니다. 33kg짜리 이름표였습니다. 30m마다 쉬어가기를 반복했습니다. 쉴 때마다 내 친구 쑥부쟁이가 환한 얼굴로 응원해줬습니다.

내가 여기에 이름표를 달아주자.
첫사랑 쑥부쟁이가 반겨주는 이런 빼어난 봉우리에
여태 이름표가 없다니 말이 되는가.
나의 첫사랑 쑥부쟁이와도 잘 어울리는
딸기체로 이름을 새겼습니다.
33kg짜리 이름표였습니다.

그렇게 낙타봉이라는 이름표를 붙여주었습니다.

이튿날부터 일주일 내내 하루도 거르지 않고 낙타봉에 올랐습니다. 행여 누가 표지석을 넘어뜨려 버렸나. 아니면 저절로 넘어지지나 않았을까. 접착 부분 양생은 잘 되었을까. 어느 날은 새가 앉았다가 싼 똥을 물로 닦아내기도 하였습니다. 어느 날은 그냥 부둥켜안고 뽀뽀도 하였습니다. 무생물인 바위를 부둥켜안고 뽀뽀하기는 처음이었습니다. 쑥부쟁이는 그래도 예쁘기나 하지요. 만약 누가 봤다면 이상한 사람으로 생각했을 것입니다. 그래도 나는 마냥 좋았습니다. 어색하지도 않았습니다. 사춘기 숫총각처럼 가슴이 뛰었습니다. 자연의 힘은 위대했습니다.

14년이 지났습니다. 나는 당당하게 일어섰습니다. 절벽에서 올라왔습니다. 그때 나 홀로 세운 이름표는 아직도 변함없이 낙타봉을 지켜줍니다. 그리고 나를 지켜줍니다. 자주 올라가 보지 않아도 든든합니다. 등산객들 또한 지켜줍니다. 그들의 이정표가 되어줍니다. 이제는 모든 등산객이 낙타봉이라는 봉우리 이름을 압니다. 쑥부쟁이도 이젠 외롭지 않습니다. 나도 이젠 외롭지 않습니다.

(2019. 3. 15)

청도 남산

달팽이 꼼지락거리듯 하다가 10시를 넘긴다. 한더위에 홍시처럼 물러터진 핸들을 겨우 잡고 경산 시내를 통과한다. 백천 지구에 아파트 공사가 한창이다. 오늘은 어디로 갈꼬. 차량 흐름 따라 아무 생각 없이 꼬불꼬불한 남천재를 힘겹게 넘는다. 청도 땅이다. 그래, 아직 한 번도 안 가본 청도 남산으로 가자.

청도군청 뒤로 가면 된다는 정보가 머리에 입력되어 있다. 한산한 읍내에서 동곡막걸리를 찾으니 청도막걸리뿐이다. 오늘 산행에서는 음주를 하지 않기로 마음먹는다. 휴일이라 군청 주차장은 텅 비었다. 차를 대 놓고 산 쪽으로 뻗은 도로를 따라 무작정 걷는다. 가릴 것 없는 햇살은 속절없이 피부를 파고든다. 차를 가지고 와야 하는 긴 길이다. 덕분에 벌레 하나 먹지 않은 깨끗한 복숭아 두 개를 주웠다. 도로에까지 소풍 나온 복숭아를 배낭에 집어넣는데도

가슴이 콩닥거린다.

낙대폭포 입구에 매표소가 있다. 산에 가면서 입장료 낼 때가 제일 기분 나쁘다. 매표소를 통과하지 않고 돌아 나와 우회로로 올라간다. 곧이어 임도가 나오고 바위 전망대에 오른다. 눈앞에 예상치 못한 경관이 펼쳐진다. 하얀 무명천이 걸려 있는 듯한 폭포가 반긴다. 청도 팔경의 하나인 낙대폭포를 온전히 보는 호사를 누린다. 가슴이 벌렁거린다. 우거진 숲에 가려 계곡은 안 보이고 폭포 홀로 공중에 걸렸다.

남산 가는 길에 폭포 하나 걸렸다.
녹음 바다 위에 흰줄 하나 걸렸다.
계곡 뛰어 올라 하늘 끝에 걸렸다.

수첩에 연필로 마음 가는 데로 썼다. 시詩가 뭐 별거더냐. 보이는 대로 꾸밈없이 쓰면 그것이 바로 시가 아닌가. 조금 더 진행하니 폭포 아래에서 꽤 많은 사람의 시끌벅적한 소리가 위로 올라온다. 하산 길에는 저 사람들 속에 섞여보리라. 자그마한 사방댐을 지나고 숲이 우거진 길로 접어든다. 하루살이들이 반갑게 객客을 맞는다. 이놈들의 인사법은 눈 맞추기다. 나는 싫은데 자꾸 눈에 들어오려고 하니 귀찮기 그지없다. 자기 집에 온 손님에게 이리 성가시게 해도 되나.

물이 제법 풍부하게 내려가는 계곡에 손을 담근다. 역시 상류의 계곡물은 차갑다. 땀을 식혀주는 고마운 존재다. 여름 산행에는 이렇게 물이 있어야 한다. 누가 작은 플라스틱 숟가락을 이용해 물레방아를 만들어 물에 받쳐 놨다. 뱅글뱅글 잘도 돌아간다. 무슨 생각을 하며 이 깊은 산중에 정성스럽게 물레방아를 만들었을까. 단순한 취미를 넘어 그의 마음속 고독이 느껴진다.

은왕봉 삼거리 능선을 가로질러 신둔사라는 절에 내린다. 깨끗한 절 마당에 빙 둘러가며 야생화가 피었다. 모두 기왓장에 흙을 얹고 심었는데 그 수가 많다. 절 건물을 빙 둘러가며 에워쌌다. 그야말로 야생화 전시장이다. 나는 언젠가부터 풀꽃에 마음이 끌린다. 화려하지는 않지만 순박하고 예쁘다. 게으른 나그네에게 핑계가 생겼으니 쉬어가지 않을 수 없다. 아주 천천히 둘러보고 물 한 모금 축인다.

절을 뒤로하고 계곡으로 내려온다. 피서철이라 사람들로 북적거린다. 남산으로 가는 길 들머리 찾느라고 상류 쪽으로 올라가 보니, 길은 없고 50대 남녀가 나란히 잠자고 있다. 조금 더 올라가니 또 한 쌍이 잠자다가 인기척에 남자만 부스스 일어난다. 계곡에 왔으면 물놀이를 하든지 가재를 잡든지 고기를 굽든지 해야 하는 것 아닌가. 집에서 잠 못 잤나들.

엎어진 김에 코 곤다고 그랬던가. 나도 바위에 앉아 신발을 벗고 발을 담근다. 아까 오다가 주운 복숭아를 꺼낸다. 물에 대충 씻어 한 입 깨문다. 아주 달콤하다. 역시 청도 복숭아답다. 그냥 두었으면 아마도 어느 차바퀴에 치어 뭉개졌을 것이다. 운 좋게 내 뱃속에

들어가는 거다. 여태 먹어 본 복숭아 중에서 최고다. 아직도 입맛을 다신다.

땀깨나 흘린 뒤에야 남산 정상에 올랐다. 갑자기 구름이 몰려오더니 천둥번개가 친다. 쾅~ 하는 굉음이 요란하고 불빛이 바로 앞에서 번쩍인다. 덜컥 겁이 난다. 스틱 두 개를 멀리 던져버리고 나무 아래 숨는다. 제법 시간이 지나도록 멈출 기색이 없다. 이제 그치나 싶어 스틱을 주우러 가면 다시 쾅~ 하기를 반복한다. 한참 후에 비로소 번개가 그친다. 사람 하나 없으니 웃통을 벗고 점심상을 차린다. 3시가 넘었다. 계곡과 폭포와 멋진 능선이 어울린 이 산은 피서 산행으로 적격이다.

하산 길은 시계 반대 방향으로 따른다. 아기자기하고 조망이 호탕한 능선 길이 이어진다. 봉수대에 도착하니 갑자기 소나기가 쏟아진다. 소나기가 낙대폭포에 모인 많은 사람을 몰아내 준 은인인 줄은 나중에 알게 된다. 긴 내리막길을 걸어 다시 초입인 낙대폭포에 다다른다. 이로써 입장료 천 원 벌었다.

낙대폭포에는 15명 정도만 이리저리 흩어져 놀고 있다. 50대 남녀 4명은 평상에서 소주를 마시고 있다. 폭포수 물탕에는 관심도 없어 보인다. 간이식당 앞에는 수제비 동동 뜨는 미역국과 막걸릿잔을 마주한 남녀 4명이 앉았다. 폭포수 아래에는 50대 남녀 두 쌍, 40대 남녀 한 쌍, 10대 1명, 합이 7명이 물을 맞고 있다. 폭포 좌측 위에서 홀연히 나타난 후줄근한 나를 빤히 쳐다본다. 부끄럽다.

평상에 앉은 남자 하나는 소주를 얼마나 까먹었는지 얼굴이 홍시 같다. 나한테도 한 잔 권한다. 나는 정중히 사양한다. 한 잔 먹고 폭포수를 맞으면 안 되겠다는 생각에서다. 대구 신천동에서 왔다는 이 남자는 말씨가 싹싹하고 인정이 넘친다. 키도 자그마하다.

이리저리 눈치를 보아하니 옷을 홀딱 벗고는 물탕을 못 하겠다. 그래도 윗도리는 벗어야겠다는 생각에 용기를 내었다. 물을 맞던 7명은 잠시 쉬는 중이다. 그들이 관중이 되고 나 홀로 물을 맞는다. 제법 볼록 튀어나온 배로 시선이 꽂히는 기분이 든다. 아주 적당한 양의 폭포수가 등에 떨어져 꽂힌다. 시원하고 기분이 좋아진다. 신경통에 좋다고 소문났다. 엎드렸다가 누웠다가 아예 엑스레이를 찍는다.

(2005. 8. 8. 근교산 여름 특선)

달빛 나그네

어리기만 하던 딸내미도 고등학생이 되었다. 야자夜自인가 뭔가를 한다고 열 시나 돼서 귀가한다. 한창 성장기에 있는 아이들에게 무슨 영 교시 수업이니 하며 늦게까지 붙들어 놓는 교육제도가 맞는 건가. 기껏 대학에 가서 학업을 마쳐봤자 실업자가 되어 길거리에 쏟아져 나오는 구조다. 시급한 개혁 과제가 바로 교육 문제가 아닌가 생각된다.

아이들이 자기가 하고 싶은 분야에서 마음껏 실력을 발휘하도록 해야 맞다. 천편일률적인 수능 중심의 교육에서 무엇을 배울까. 온종일 딱딱한 의자에 앉아 서로 경쟁하는 것만 배운다. 남을 딛고 이겨야 성공한다고 가르친다. 비쩍 마른 딸내미는 아직 내 눈에는 어린애로 보인다. 아침에 학교 가면 밤늦은 시간에 집에 온다. 지켜보기가 안쓰럽다.

나도 저녁에 집에 있어봤자 뒹굴면서 텔레비전이나 볼 것이 뻔하다. 아까운 시간 허비한다는 생각이 든다. 마음도 편치 않다. 약수도 떠올 겸 배낭을 메고 집을 나선다. 신청골 약수터로 가는 골짜기를 건너 우측 중간 능선으로 오른다. 비탈을 올라붙는 길은 흐릿하지만, 능선에 오르니 길이 선명하다. 멀리서 본 능선이 온통 푸르더니 역시 소나무 숲이 빼곡하다.

부드러운 융단같이 푹신한 소나무 갈비가 켜켜이 쌓였다. 깨끗하고 한적한 오솔길엔 나그네의 숨소리만 가득하다. 맞은편인 서쪽 능선의 소쿠리같이 쑥 들어간 공간에 불덩이가 하나 걸렸다. 아침을 여는 일출만 아름다운 줄 알았는데, 일몰이 이리 아름다운 줄 내 어찌 몰랐던가. 일출이 힘찬 기운을 내뿜는다면, 일몰은 은은한 향기를 내뿜는다. 하루의 수명을 다한 거룩한 아름다움과 은은한 자태를 뽐낸다. 성스러운 의식 같아 보인다. 떠오르는 것이 소중한 만큼, 지는 것도 소중하다는 것을 일깨워준다.

초례봉으로 가는 주능선에 올라붙었다. 눈 감고도 갈 수 있는 익숙하고 반질반질한 길이다. 보름달이 아닌 상현 반달이라도 길 찾기에 어려움이 없다. 중간에 돌아오려던 계획이었으나, 운치 넘치는 은은한 달빛이 걸음을 계속 앞으로 내딛게 한다. 백두대간 종주길같이 낯설고 깊은 산중이면 무섭겠지만, 집 바로 뒷산이라 무섭지는 않다. 착잡한 길을 걸어가는 내 발걸음 소리만 초저녁의 적막함을 깬다. 정상이 가까워질수록 마음은 더욱 상쾌하다.

초례봉에서 내려다본 도시 야경은 기가 막힌다. 경부고속도로와

범안도로의 차량 불빛이 빠르게 선을 그으며 움직인다. 저 멀리 대구타워의 불기둥도 흐릿하게 보인다. 산에서 내려다보는 도시의 야경은 화려하다. 발아래 매여동에서는 가깝고 아늑한 불빛이 새어 나온다. 뒤쪽으로 눈을 돌리니 하양읍도 불빛으로 화려하다. 저 멀리 영천시가의 불빛도 보인다.

머리 위에 뜬 반달은 나를 내려다보며 방끗 웃는다. 이럴 땐 보름달보다 반달이 더 운치가 있다. 제법 큰 별들을 주위에 거느리고 대장을 한다. 반달 주위로는 은은한 둥근 빛이 원을 그리며 무지개처럼 둘려있다. 이미 하늘 중간까지 진출한 것을 보니 낮부터 반달은 떠 있었나 보다. 낮에 나온 반달은 하얀 반달은 해님이 쓰다 버린 쪽박이란다. 밤에 뜬 노란 반달은, 영롱하게 빛나는 보석이다. 섹시하고 아름다운 공주 같기도 하다.

외투를 안 입었더니 춥다. 밤바람이 차갑다. 밤이 깊어가니 조금 무서워지려고 한다. 누군가가 요즘도 초례봉에 인골을 버린다고 하는 이야기가 생각난다. 하산을 서두른다. 오름길보다 내려가는 길이 어렵다. 밤중의 흐릿한 달빛 아래라서 더 그렇다. 내리는 걸음은 금방이다. 약수터에 도착하여 물을 몇 병 담았다. 물맛이 시리도록 시원하다. 맛있다. 여기 신청골 약수는 몇 년째 우리 집의 식수다. 주마다 물 뜨러 온다.

날머리로 나온다. 복사꽃이 시리도록 아름답다. 소박한 꽃은 달빛을 받아 희고, 가로등 불빛에 반사되어 더욱더 희다. 다음 차례의 꽃망울이 하나둘 터지는 소리가 들리듯 한다. 과수원 개 소리가 고요를 가른다.

배낭에 든 물통에는 물을 채우고, 가슴엔 꿈을 채우고 집으로 돌아간다. 물 뜨러 간다고 나간 인간이 오밤중까지 오지 않으니 걱정했나 보다.

"밤에 산에 올라가다가 멧돼지한테 떠받히면 우짤라 카는기요?"

"보상금도 안 나오구만은."

(2003. 3. 13. 초례봉 야간산행)

일거다득一擧多得

오랫동안 갇혀있던 등산 배낭을 꺼내 메고 현관 문턱에 앉아 등산화를 신는다. 평소에 자전거로 출퇴근을 한 덕분에 쪼그려 앉아 끈을 매도 숨이 차지는 않는다. 모처럼 홀로 나들이에 마음이 설렌다. 나이는 들어도 마음은 그대로라는 말은 틀림이 없다. 나는 아직도 꿈이 있다.

국도를 따라 영천을 지나 경주 안강읍 관내로 들어서자마자 어느새 옥산서원으로 들어가는 팻말이 보인다. 벼가 익어가는 푸른 들판을 시원하게 가로지르는 도로는 언제나 기분 좋다. 푸른 바다를 달리는 요트를 탄 기분을 느낀다고 할까. 창문을 열고 싱그러운 바람을 온몸으로 맞는다.

옥산서원을 뒤로하고 **독락당** 앞에 차를 댄다. 오늘의 목적지는 도덕산이다. 나는 이곳을 수도 없이 드나들었다. 직장 초년 시절 안

강읍에서 근무하면서 자주 왔고, 이후에는 등산을 좋아하면서 즐겨 찾는다. 주위를 소쿠리처럼 둘러싸고 있는 자옥산 도덕산 봉좌산 어래산 어느 산길에도 내 발자국을 남기지 않은 곳이 없다.

독락당 긴 담을 지나 좌측으로 걸음을 옮긴다. 구름이 잔뜩 끼어 햇볕이 내리쬐지 않아 다행이다. 불과 한 시간 전까지 집에서 뒹굴던 게으름은 온데간데없다. 발걸음은 가볍고 가슴은 벌렁거린다. 눈앞에 예사롭지 않은 탑이 우뚝하다. 탑塔! 너를 본 지 얼마 만인가.

국보 제40호 정혜사지 13층 석탑이다. 이 지역에서 만나는 유일한 국보다. 하지만 주변은 가장 한산하다. 절이 없어졌기 때문이다. 탑의 주위가 평평하게 너른 것이 절터임을 짐작하게 한다. 석가탑 다보탑이나 남산에 산재한 석탑과는 전혀 형태가 다르다. 탑에 대한 지식이 없었던 젊은 시절에 본 독특했던 첫인상이 아직도 생생하다.

오늘 산행을 도덕산으로 택한 첫째 이유도 바로 이 탑을 보고 싶었기 때문이다. 나는 늘 홀로 다니는 걸 좋아한다. 여럿이 다니면 명승지나 자연을 오롯이 느끼는 데 방해가 된다. 침묵으로 자연을 만나고 침묵으로 대화하는 걸 좋아한다. 여기서는 탑도 자연의 일부다. 과거의 영광을 뒤로하고 홀로 남아 역사를 지키고 있다. 탑도 홀로 나도 홀로이기 때문에 침묵으로 대화가 된다. 어떤 대화를 하느냐고 묻는다면 답을 못 한다. 그저 느낌으로 교감하고 소통한다. 옛 선현들의 숨결을 탑에서 느낀다. 한 층 한 층 정성껏 올린 손길

이 묻어 있다.

국보급 탑이 있음에도 불구하고 **정혜사**는 복원하지 않았다. 나는 그게 좋다. 한때 번창했던 절의 흔적을 엿볼 수만 있으면 족하다. 자연과 어우러져 이미 자연의 일부가 된 탑은 그래서 더 아름답다. 때 묻지 않은 여백이 주는 감동이다. 인간의 욕심이 들어갈 여지가 없다. 하늘로 높이 솟은 탑에 우주가 담겼다.

탑을 뒤로하고 임도를 따른다. 곧이어 좁은 등산길이 이어지면서 자옥산과 도덕산을 이어주는 고개를 만난다. 체력비축을 위해 자옥산은 포기하고 도덕산으로 방향을 튼다. 나 홀로 여름 산행에서 무리는 금물이다. 천천히 오르는 길섶의 원추리는 여름임을 알려준다. 매미 홀로 신났다. 그래, 짧은 생애이니 마음껏 노래 불러라. 그리 생각하니 매미가 안쓰럽다. 나도 천길 벼랑 끝에 몰렸을 때가 있었기 때문이다.

도덕산은 낙동정맥의 전망대다. 시야가 트이면서 안강 들판이 시원하게 펼쳐지고 풍산금속도 보인다. 멀리 동해바다와 포항제철도 보인다. 낙동정맥 마루금이 굽이쳐 북으로 뻗어 나간다. 눈을 아래로 내려 본다. 오늘의 백미인 **정혜사지**淨惠寺址 **13층 석탑, 독락당**獨樂堂 (보물413호), **옥산서원**玉山書院이 손바닥만 하게 보인다. 한눈에 세 곳을 담는 순간이다. 좁은 바닥에 불교와 유교가 공존한다. 사람들은 제각기 다른 생각과 다른 종교를 가지고 아웅다웅 산다. 산에서 내려다본 세상은 좁다. 대자연 앞에 인간은 한갓 미물일 뿐이다. 저 아래에 피서 온 사람들은 이런 걸 놓친다. 땀 흘려 정상에 오른 사람만이 누리는 혜택이다.

도덕산에서 내려오면 자연스럽게 들러지는 곳이 **독락당**이다. 산행 후의 뿌듯한 마음으로 둘러본다. 조금 전까지 도덕산 정상에서 본 손바닥만 하던 **독락당**은 자연과 절묘하게 어우러진 멋진 기와집들로 가득하다. 전국의 수많은 건축물 중에 이만큼 자연과 어울리는 집은 없다. 여기서 회재 이언적 선생께서 정혜사 스님들과도 친하게 교류했단다. 당시로써는 파격이니 회재 선생의 소탈함과 인간애를 엿볼 수 있다. 계곡으로 오픈된 공간은 **독락당**의 최고 친환경적 걸작품이다. 그 시절에 어찌 이런 기발한 생각을 할 수 있었는지 놀랍다. 회재 선생의 혜안이 아닐까.

옥산서원 앞 계곡엔 아이를 동반한 피서객들로 붐빈다. 저 아이들에게 **정혜사지 13층 석탑**까지 데려다가 보여주는 부모가 있을까. **독락당**과 **옥산서원**이나마 차근차근 관람시킬까. 요즘 젊은이들의 역사관은 어떤 것일까. 옛것에서 우리의 뿌리를 찾으려는 노력을 조금이라도 하고 있을까. 우리는 아이들에게 무엇을 가르치는 것이 중요한 것인지를 늘 생각해야 한다.

도덕산에 다녀오면 늘 마음이 뿌듯하다. 산행도 산행이지만 **정혜사지 13층 석탑과 독락당과 옥산서원**을 둘러보고 오면 행복해진다. 나는 오늘 회재 이언적 선생을 만나고 왔다.

도덕산은 한곳에서 불교와 유교의 유적지를 두루 살펴보는 산행지로는 아주 훌륭하다. 이거야말로 일거다득一擧多得이다.

(2019. 8. 4. 도덕산)

호미기맥의 끝에 서서

우리는 아이들같이 천진난만했습니다. 푸른 바다로 퐁당 뛰어들었습니다. 초겨울의 추위 따위는 이미 잊어버렸습니다. 물장구까지 치며 즐거워했습니다. 출발선에서 굳게 다짐했던 예정된 뒤풀이였습니다. 우리는 100㎞의 **호미기맥**虎尾技脈 능선을 걸어서 호미곶에 왔습니다. 주말마다 한 구간씩 종주하기로 약속하고 정확히 5주 만에 도착하였던 것입니다.

호미곶은 이미 여러 번 왔던 곳이라 눈에 익었습니다. 주말이라 승용차와 인파가 가득하였습니다. 어린아이를 데리고 온 젊은 부부도 많았습니다. 유명세를 타는 관광 휴양지임이 틀림없습니다. 그러나 우리가 100㎞의 산길을 오로지 두 다리로 걷고 걸어 예까지 왔다는 사실은 누구도 알 리가 없습니다. 그것이 묘한 흥분을 안겨줬습니다. 수많은 소풍객 사이에서, 땀 밴 등산복 차림의 우리는 한

눈에도 특별한 이방인이었습니다.

지친 발걸음으로 평지에 내려와 첫눈에 본 풍경은, 마치 해외의 어느 아름다운 섬에 온 느낌이 들었습니다. 승용차가 아닌 산을 타고 왔기 때문에 평소의 느낌과는 완전히 달랐습니다. 온통 하얀색으로 치장한 거대한 등대와 풍력발전기용 풍차가 우뚝한 모습은 처음 보듯 환상적이었습니다. 파란색 지붕의 집과 묘한 대조를 이루며 이국적인 느낌을 주었습니다. 오로지 우리와 똑같은 얼굴을 가진 사람들이 있다는 것이, 여기가 우리 땅임을 말해줬습니다.

한반도는 호랑이가 옆으로 누워 있는 형상입니다. 맨 남南단을 '땅끝'이라 합니다. 호랑이 꼬리가 동해로 빠지며 튀어나온 끄트머리를 '호미곶'이라 합니다. 한반도의 동쪽은 백두대간과 낙동정맥舊(태백산맥)으로 호랑이 등뼈를 일궈 놓았습니다. 호랑이가 서西쪽을 보고 누운 형태라서, 등뼈를 기준으로 동쪽은 급急하고 서쪽은 완만합니다. 따라서 호랑이 등뼈의 동쪽에는 이렇다 할 긴 산줄기가 없습니다. 대부분의 정맥과 기맥은 서쪽으로 뻗었습니다. 개중에 유일하게 동쪽으로 길게 뻗은 능선이 바로 호랑이 꼬리로 가는 기맥입니다. 이것이 **호미기맥**입니다.

사람은 발만 따뜻하면 잠을 잘 잔다고 합니다. 호랑이는 꼬리만 따뜻하면 잘 잔다고 합니다. 호랑이의 기氣는 꼬리에 있다고들 합니다. 호랑이는 돌진할 때 몸의 균형과 속도를 조절합니다. 심지어 희로애락까지 꼬리로 느낀다고도 합니다. 꼬리를 움직여 무리를 통솔합니다. 일제강점기에 '토끼 꼬리'라고 비하한 이유도 바로 여기

에 있습니다. 기를 꺾어 버리겠다는 의도였습니다. 그런 의미로 보면 '호미곶'은 풍수적으로 우리나라에서 중요한 위치를 점하고 있습니다. 대한민국 힘의 원천입니다.

호미기맥의 출발점, 즉 호랑이 꼬리가 몸체에 매달린 지점은 낙동정맥의 백운산입니다. 울산시 울주군 언양읍에 위치합니다. 여기서부터 출발한 **호미기맥**은 경주와 포항의 유명한 산줄기를 거쳐가며 호미곶에 도달하면서 바다로 빠집니다. 이 산줄기가 바로 호랑이 꼬리에 해당됩니다. 주요 산은 백운산 치술령 토함산 함월산 조항산 금오산 공개산 고금산입니다. 이름만 들어도 익숙한 유명산입니다. 울산 경주 포항의 역사가 숨 쉬는 산입니다. 신라 천 년의 숨결이 배어 있는 산줄기입니다. 경주에서 나고 자란 나에게는 더욱 의미가 깊습니다. 나의 뿌리를 찾아 나서는 길도 되기 때문입니다.

호미기맥은 아니지만 **호미기맥**에서 따로 뻗어 나가는 작은 산줄기들도 있습니다. 개중에서 걸출한 산은 바로 내 고향 경주 남산입니다. 또 하나는 토함산에서부터 가지가 갈라지면서 삼태봉 동대산 무룡산을 지나 울산 방어진으로 가는 산줄기입니다. 나머지 하나는 추령에서 운제산을 거쳐 포항으로 빠지는 산줄기입니다.

형산강과 태화강도 **호미기맥**에서 발원하여 우리의 젖줄이 되었습니다. 울산과 포항을 공업 도시로 만든 원천은 바로 **호미기맥**과 형산강 태화강입니다. 경주를 신라의 천년 수도로 만든 것도 바로 **호미기맥**의 기氣가 아닌가 생각합니다.

여기서 내가 말하고자 하는 중요한 이야기가 있습니다. 바로 **호미기맥**이 품고 있는 역사歷史성입니다. 이 산줄기는 천년고도 경주 한복판을 지나면서 찬란한 천년 신라 문화의 꽃을 피웠습니다. 치술령의 망부석을 만나면 남편을 기다리다 돌이 되어버린 어느 한 서린 여인의 이야기를 들을 수 있습니다. 영지못을 지나면서 아사달 아사녀의 애틋한 사람 이야기도 들을 수 있습니다. 석굴암 불국사와 같은 걸출한 신라문화유산도 만나볼 수 있습니다. 보름달이라도 두둥실 떠 있는 달밤이라면 그야말로 '신라의 달밤'이라는 노래가 흥얼거려집니다. 시리도록 푸른 동해를 맘껏 바라보며 걸을 수 있는 것은 또 하나의 보너스입니다. **호미기맥**을 걷는다는 것은 이른바 천 년 전前으로의 기행紀行이 되는 것입니다.

호미기맥의 모든 봉우리들이 좋지만, 딱 하나만 꼽으라면 바로 금오산(해발 230.1m)입니다. **호미기맥**의 마지막 구간에 있습니다. 바다 조망이 상상을 초월하리만큼 뛰어납니다. 낮은 산이지만 바다와 인접하여 뛰어난 조망을 만들었습니다. 오로지 조망 하나 때문에 나도 산불감시원이 되었으면 하는 생각이 들었습니다. 겹겹이 종이를 구겨놓은 듯 능선은 저 멀리 쪽빛 겨울 바다까지 이어지고 있었습니다. 동쪽에도 바다, 북쪽에도 바다, 남쪽에도 바다였습니다. 삼면이 바다, 그게 바로 호미곶이 아닌가 합니다.

걸음마다 신라 천 년의 혼이 깃든 영광스러운 **호미기맥**을 종주했다는 것은 내 인생에서 제일 감동적인 순간으로 자리매김합니다. **호미기맥**을 종주한 건 제법 오래전의 일이지만 아직도 그 산마다

길마다 눈에 선합니다. 한 걸음 한 걸음 나의 발자취가 그대로 남아 있을 산줄기가 그립습니다. 동료들과 정담을 나누던 순간들이 그립습니다. 이 글을 쓰는 순간 특별히 가슴이 더 아려옵니다. **호미기맥**을 같이 종주하며 동고동락했던 존경하는 선배가 며칠 전에 하늘나라로 갔습니다. 강원도 어느 산길에서 심장마비로 갑자기 세상을 떠났습니다. 청천벽력이 따로 없습니다. 산을 그렇게나 좋아하시고 사랑하시던 선배입니다. 나에게는 든든한 정신적 버팀목이었습니다. 이 글을 쓰면서 가장 많이 생각나고 떠오르는 사람입니다. 산이 좋아 산으로 돌아갔습니다. 그의 순박한 웃음과 함께였던 호미곶에서의 천진난만한 뒤풀이는, 내 가슴속에서 영원히 지워지지 않을 추억입니다.

어느 날 교회에서 받은 목양칼럼에 이런 말씀이 쓰여 있었습니다. '나 한 사람으로 세상이 변한다.'라는 제목이었습니다. 미국 샌프란시스코의 '로스알데 힐'이라는 작은 마을에 매일 50마일의 거리를 오가며 우유를 배달하는 '요한'이라는 집배원이 있었답니다. 그는 어느 날 모래 먼지가 뿌옇게 일어나는 길을 바라보면서 '나는 이 아름답지 못한 황폐한 길을 평생 다녀야 한다는 말인가.'라고 한탄하며 깊은 시름에 빠져 자신을 돌아보았다고 합니다. 그렇게 힘이 빠져 배달하러 다니던 어느 날 문득 '어차피 내게 주어진 길이고 내가 걸어야 할 길이라면 나 스스로 아름다운 길을 만들면 되지 않겠느냐.'라고 생각을 하게 되었답니다. 그 이후로 그는 그 일을 이루기 위해서 배달을 하러 가고 올 때마다 주머니에 들꽃 씨앗을 넣어서 가다가 짬짬이 길에 뿌렸답니다. 그 일은 하루도 쉬지 않고 계속되었고, 마침내 황폐했던 길은 사시사철 꽃이 피는 길로 탈바꿈했답니다. 어느 길보다 아름다운 길로 바뀌었답니다.

우리 고장의 소중한 산줄기 호미기맥!

앞으로 그런 길이 되었으면 좋겠습니다.

—호미곶에 서서

이백오십 리 호랑이 꼬리 마디마디 밟아
바다에 슬쩍 감춘 끄트머리 찾고 보니
먹물 묻힌 붓끝마냥 가지런하다

(2019. 8. 11)

백두대간은 통일의 길잡이다

2002년에 백두대간 남한구간을 나 홀로 종주했다. 지리산에서 진부령까지의 길고 긴 능선을 오로지 두 발로 걸었다. 내 인생의 가장 보람 있는 여정이었다. 그때 산에서 마주치거나 잠시 동행했던 홀로 종주꾼들의 정기 모임이 있다. 내가 주관하여 만들었다. 세월이 흐르고 회원들이 늘어나면서, 새로 종주를 시작하는 후배들의 훌륭한 길잡이로 자리 잡았다.

외국인으로서 백두대간 남한구간을 종주하고, 그 열정을 몰아 북한구간까지 종주한 회원도 있다. 북한구간 사진첩 발간과 전시회도 열었다. 우리는 북한에 직접 가서 찍은 사진을 보면서 통일에 대한 염원을 되새겼다. 지리산에서 출발한 마루금이 진부령에서 끊어지지 않고, 금강산을 거쳐 백두산까지 이어지는 날을 손꼽아 기다린다.

마음만 먹으면 언제든지 갈 수 있는 산이 있고, 가고 싶어도 갈 수 없는 산이 있다. 갈 수 없는 산은 더욱 아름답게 느껴지고 그리워진다. 그곳이 바로 우리의 땅 북한에 있는 산이다. 진부령에서 마침표를 찍지 않고 그대로 발걸음을 내디디면 백두대간 마루금은 북으로 이어지고 곧이어 금강산에 다다를 텐데, 우리는 늘 미완의 마침표를 찍고 아쉬워한다.

백두대간을 종주한 산꾼들은 사상과 종교와 정치를 뛰어넘는다. 모임에서 늘 자부심을 가지는 것이 바로 이런 것이다. 만나면 오로지 산에 대한 이야기로 밤을 새운다. 백두대간 북한구간을 종주하고 온 뉴질랜드인 '로저 셰퍼드'는, 북한 산행 도우미들이 너무 순박하고 인정이 넘쳤으며 재미도 있었다고 했다. 산에서의 만남은 이념을 초월한다.

나는 시간 날 때마다 백두대간을 종주할 때의 기억을 되짚어본다. 지리산구간을 지나 88고속도로를 넘어 능선에 접어들 때의 떨림을 아직도 잊을 수 없다. 쌩쌩 달리는 차량 소음이 점점 멀어지면서, 좌우에 펼쳐진 아담한 능선이 내려앉고 그 끄트머리마다 작은 마을들이 옹기종기 자리 잡은 모습은 너무나 평화로웠다. 동쪽은 경상도요 서쪽은 전라도였다.

지역감정의 중앙으로 걷고 있다고 생각하니 만감이 교차했다. 지역감정은 누가 만들었는가. 백두대간을 사이에 두고 오손도손 살아가는 순박한 사람들이 만들었는가. 이념이란 것이 만들었는가. 어느 쪽도 공산국가가 아니요, 어느 쪽도 남의 나라가 아니었다. 지

역감정이란 괴물은 결국 인간들의 헛된 욕심이 만들어낸 산물일 뿐이었다. 산에서 내려다본 마을들은 너무나 평화로웠다.

마루금에서 왼쪽으로 내려가면 전라도 땅이고 오른쪽으로 내려가면 경상도 땅이다. 경상도 사람들은 경상도 사람 나름으로 친절하였고 전라도 사람들은 전라도 사람 나름으로 친절하였다. 전라북도 장수군 국밥집에 들어가도 누구 하나 경상도 사투리 쓴다고 나무라는 사람 없었다. 사람 대 사람으로서 대하면서 그저 살아가는 이야기를 주고받으며 서로 공감할 뿐이었다.

백두대간 길이 북으로 이어지면서 충청도와 경상도와 전라도의 경계 봉인 삼도봉에 이르렀다. 정상에 앉아 바라보는 시선에 따라 3개 도가 갈라진다. 경계는 사람이 그들의 편의와 필요에 따라 인위적으로 만들었다. 산에 경계가 있는 것은 결코 아니다. 산길도 사람이 만들었고 봉우리마다 표지석도 사람이 만들었다. 나뭇가지에 나풀거리는 표지 리본도 사람이 달았다.

산에는 담장도 경계도 없지만, 사람이 만든 지역감정의 골은 깊다. 2002년 그 당시와 지금은 달라졌나. 절대 달라지지 않았다. 선거 때만 되면 다시 지역감정이 되살아난다. 어느 지역은 어느 당이 싹쓸이하고 어느 지역은 또 다른 당이 싹쓸이한다. 이젠 경상도 내에서조차도 TK니, PK니 너 잘났네! 나 잘났네! 싸움질이다. 영호남 지역감정이 그동안 발전하여 경상남북도 지역감정으로까지 확산하는 느낌을 지울 수 없다. 남한과 북한의 통일 이전에 남한 내內의 지역갈등을 먼저 해결해야 한다.

베이비부머들은 산업화 최일선에서 온몸을 던져 일한 세대다. 이제 그들이 직장에서 나오고 후배들이 이어받는다. 그들과 후배들의 생각이 다르고, 후배들은 새로 올라오는 신세대 젊은이들과 가치관이 다르다. 각기 다른 가치관은 세대 간 갈등의 요인이 된다. 많이 가진 자와 적게 가진 자의 경제적 능력의 차이는 사회적 갈등으로 발전하여 곪아 터지고 있다. 남북통일 이전에 세대 간 갈등과 계층 간 갈등부터 먼저 치유해야 한다.

백두대간을 걷는다는 것은 지역갈등과 계층 간의 갈등을 치유하는 것이기도 하다. 땅에서 제일 높은 곳에서 세상과 거리를 두고 걸으면서 자기 성찰을 하기는 더없이 좋기 때문이다. 경상도든 전라도든 충청도든 어느 지역도 백두대간이란 등뼈에서 뻗어 나갔다는 걸 알 수 있고 깨달을 수 있다. 우리의 뿌리는 한줄기라는 걸 알아야 한다. 다만, 어디까지나 순수한 취지로 개인이 자발적으로 종주하도록 유도해야 한다는 생각이다. 대규모의 인위적인 행사로 일회성으로 종주를 한다는 것은 자연훼손일 뿐이다. 실제 그런 사례가 많았다.

북한 백두대간도 마찬가지다. 전 세계에서도 이렇게 하나의 등뼈를 가진 두 개의 국가는 없다. 우리 산꾼들이 능선을 따라 휴전선을 넘어 백두산까지 간다면 백두대간 길은 통일의 상징이 되고, 그 길은 바로 통일의 길이 된다. 대북지원으로 쌀을 보내는 것도 좋지만 민간 차원에서 북한구간 백두대간 걷기 운동을 전개해본다면 어떨까.

길!

우리에게는 길이 있다. 지리산에서 백두산까지 물길 하나 건너지 않고 갈 수 있는 길이 있다. 올라갔다가 내려갔다가 높아졌다가 낮아졌다가 할지언정 길은 끝까지 이어진다. 한반도의 튼튼한 등뼈 백두대간 길이다. 막힌 길은 뚫어야 한다. 끊어진 길은 이어져야 한다.

세월이 많이 흐르다 보면 길이 희미해지고 지워지기도 한다. 그렇다고 포기하면 안 된다. 없어진 길은 다시 만들면 된다. 쉬운 길만 택하면 안 된다. 어려운 길일수록 가야 할 가치가 있다. 포기하면 길은 등을 내주지 않는다. 험난한 길을 통과하면 반드시 그 대가를 얻는다. 길은 배신하지 않는다.

백두대간 길을 걷는다는 것은 우리를 살피는 일이다. 우리를 살피는 일은 철저히 아픈 것이기도 하다. 그래도 살피고 되돌아봐야 치유가 된다. 피할수록 치유는 힘들어지고 상처는 곪을 뿐이다. 우리의 역사는 우리 스스로만이 치유할 수 있다. 어느 누가 대신해주지 않는다. 한반도에 있는 마루금은 우리의 길이다. 우리가 길을 걷고 우리가 땀을 흘려야 한다.

지금부터 길을 만들자. 북쪽 사람들은 변했을지언정 북쪽 백두대간 길은 그대로다. 뿌리가 같으면 세월의 장벽도 무너트릴 수 있다. 뿌리의 상징은 백두대간이다. 백두대간 길을 같이 걸으면 뿌리가 복원된다. 뿌리가 복원되면 나무들이 새싹을 틔울 것이다.

한반도의 등뼈 백두대간을 잇자. 고장 난 허리만 고치면 길은 이어진다. 워낙 오랜 병이라서 쉽게 고쳐지진 않을 것이다. 그러나 포기하면 안 된다. 남쪽 사람이나 북쪽 사람이나 마음을 비우고 접근해야 한다. 개성공단이나 금강산관광 재개도 좋지만, 백두대간 길을 잇는 것도 그 이상의 의미가 있다. 북쪽을 관통하고 남쪽을 관통하는 통일된 길을 단숨에 만드는 것이다.

사람이 다니는 길을 내는 데는, 찻길을 만드는 것과 달라 많은 자금이 들어가지도 않고 많은 시간이 필요하지도 않다. 남북이 합의만 되면 언제든지 단시일에 가능하다. 마루금 외外에는 출입을 통제해도 우선은 상관없다. 어디까지나 상징적 의미는 백두대간 마루금이기 때문이다. 다른 길은 차츰차츰 내면 된다. 급하게 접근하면 안 된다.

길은 역사를 의미하기도 한다. 우리의 조상들도 그 길을 걸었다. 길을 걸으면서 그분들과 소통을 하게 된다. 앞서간 많은 걸음이 소원할 것이다. 남과 북이 길을 통하여 한마음으로 소통하기를. 잃어버린 세월을 찾기를. 곪은 상처를 치유하기를. 서로 얼싸안기를.

우리 종주자 모임에서는 그날을 손꼽아 기다린다. 마루금을 타고 백두산까지 가서 천지에 손을 씻는 그날을. 길이 이어지면 제일 먼저 달려갈 것이다.

(2019. 6. 25. 제50회 한민족통일문화제전 중앙입상작)

4부

앉은뱅이의 꿈

앉은뱅이의 꿈

"아저씨 쉬었다 가이소."

논둑에서 누군가 부릅니다. 자전거를 세웁니다. 자그맣고 빨간 원색이 점점이 눈에 띕니다. 가만가만 다가가 들여다봅니다. 뱀딸기 열매입니다. 언뜻 오디로 착각했습니다. 뽕나무 잎에 둘러싸여 있어서요.

좁은 논둑에 자리 잡은 뽕나무의 팔자는 기구합니다. 밑동이 해마다 싹둑 잘려 나가 제대로 자라지 못합니다. 늘 앉은뱅이로 살아야 합니다. 가엾습니다.

하지만, 좌절하지 않았습니다. 바닥에 바짝 붙어서도 줄기를 뻗었습니다. 줄기마다 앙증맞은 잎을 내밀었습니다. 아무도 봐주지 않는 논둑 한쪽에, 세상에서 제일 예쁜 보금자리를 꾸몄습니다.

하지만, 좌절하지 않았습니다.
바닥에 바짝 붙어서도 줄기를 뻗었습니다.
줄기마다 앙증맞은 잎을 내밀었습니다.
아무도 봐주지 않는 논둑 한쪽에,
세상에서 제일 예쁜 보금자리를 꾸몄습니다.

어느 날 자기보다도 훨씬 볼품없는 이웃이 줄기를 뻗어 안겨 왔습니다.

“어머나 넌 누구니.”

“저는 뱀딸기라고 합니더.”

“이름도 징그럽구만은.”

“저도 이 집에 살면 안 되예?”

“뱀이 찾아오면 우짜노.”

“이름만 그렇지 아무 상관 없심더.”

그렇게 하자고 선뜻 허락했습니다. 둘이 서로 의지하며 오손도손 정겹게 살았습니다. 봄이 깊어가고, 뱀딸기 줄기에서 노란 꽃이 피더니, 어느덧 빨간 열매를 맺었습니다.

“세상에~ 이렇게 예쁜 열매를 맺다니, 볼품없다고 생각했던 게 미안하데이.”

“기뻐하시니 기분 좋심더. 보듬어주신 고마움을 조금이라도 갚았어예.”

저 멀리 키 크고 우거진 뽕나무에는, 때가 되면 빨간 오디가 영글어 까맣게 익어갔습니다. 앉은뱅이 뽕나무에게는 부러움의 대상이었습니다. 자기는 그렇게 못한다고 생각하니 더욱 그랬습니다. 그러나 꿈을 잃지는 않았습니다. 기필코 열매를 맺으리라 다짐했습니다. 세상의 온갖 멸시도 꿋꿋이 견뎌냈습니다. 드디어 이루어냈습니다.

오디보다 더 예쁜 열매를 맺었습니다. (2019. 6. 1)

다시 찾은 토끼들의 평화

하양읍 조산천 작은 개울을 따라 오일장이 열린다.

첫 번째 다리 옆에 토끼 몇 마리 가두어진 토끼장이 놓였다.

그 옆에는 고양이 대여섯 마리 가두어진 철망이 아무렇게나 놓였다.

수건을 머리에 동여맨 쉰쯤의 인자해 보이는 아주머니가 마대 포대기를 깔고 앉았다.

따스한 봄 날씨에 취해 꾸벅 졸고 있는 아주머니 앞에 중절모 촌로村老가 멈추어 선다.

흥정이 다 된 모양이다.

아주머니가 시퍼런 도끼 같은 칼을 꺼내 든다.

철망 속에서 토실토실한 토끼 한 마리를 잽싸게 꺼내 든다.

도마 위에 올려진 토 서방은 끽소리 내지 못하고 달달 떤다.

철망 속 동료들은 공포의 눈망울만 껌뻑인다.

곧 벌어질 동료의 운명을 이미 알아차린 듯 멍할 뿐이다.

차마 볼 수 없어 잠시 눈을 돌린 순간 토 서방은 이미 도마 위에 널브러졌다.

찔렀는지 잘랐는지 하여간 우리 불쌍한 토 서방는 검붉은 피만 흘린 채 미동도 없다.

껍데기를 작은 칼로 쫙쫙 분리하는 솜씨가 아주 매끄럽다.

모가지를 댕강 잘라버리고 네 다리를 공포의 도끼 칼로 내리친다.

배를 순식간에 갈라붙이더니 내장을 쭉 훑어 내린다.

중절모 할배가 재밌다는 듯 내려다본다.

좀 전까지 멀쩡하던 토 서방은 순식간에 몇 점 고깃덩어리로 변했다.

까만 비닐봉지에 들어간 우리의 토 서방은 돈 몇 푼과 바뀌어 이미 할배 손에 들렸다.

대야 물에 칼을 씻은 수건 아주머니는 껍데기를 포대기에 돌돌 말아 한쪽에 밀쳐놓는다.

방금 아무 일도 없었다는 듯 인자한 얼굴로 돌아간 아주머니는 다시 조는 자세를 취한다.

철망 속 토끼와 고양이들은 다시 평상심으로 돌아간 듯 조용하다.

집에 와서도 토 서방들의 겁먹은 눈망울들이 뇌리를 떠나지 않

는다.

그날 밤 꿈속이다.

내가 걷는 산길에 자유를 얻은 토끼 수십 마리가 뛰어다니고 있었다.

(2006. 4. 1)

춥고 긴 겨울

동대구발 첫 고속버스 타고 서울로 간다. 지하철을 두 번 갈아탄다.

말로만 듣던 경찰병원, 5층에 입원한 아들을 만나러 엘리베이터를 탄다.

의경義警 아들 덕분에 소문으로만 듣던 경찰병원에 다 와 본다니 이 무슨 영광인가.

11월 15일 여의도 농민시위에서 중상을 입고 5일이 지났다.

간호사에게 입원실 묻는 것조차도 성가시게 느껴진다.

내 마음 상태가 그렇다.

내 힘으로 찾아보자.

방마다 문 앞에 붙은 이름표를 확인한다.

문득 고개를 복도 저쪽으로 돌린다.

어디서 많이 본 낯익은 녀석이 링거를 꽂은 팔뚝을 들고 얼쩡거

린다.

얼굴이 그사이에 반 쪼가리가 되어 있는 아들의 모습이 낯설다.

"야!"

"으… 으빠…!"

턱을 골절하여, 아래위 이빨을 철사로 동여 묶어 봉해놨으니 말이 어둔하다.

손이나마 겨우 한 번 잡아주는 아비의 폼새조차 어색하다.

속으로는 안쓰럽지만, 겉으론 표현하지 못하는 보리 문둥이다.

우유와 멀건 미음을 빨대로 들이켜고 있다.

벌써 며칠째다.

"개안나?"

"개안타. 군대 보냈스마 인자 신경쓰지 마라."

곧 죽어도 큰소리는 뻥뻥 친다.

나도 일부러 이빨을 앙다물고 말을 해본다.

이빨을 앙다물고 우유도 시범적으로 마셔본다.

아 들어가기는 들어가는구나. 사람 죽으라는 법은 없는가 보다.

멀건 미음을 억지로 빨대로 들이켜는 걸 보고 나서 나 홀로 지하식당으로 갔다.

새벽부터 설쳤더니 배가 고프다.

육개장 한 그릇 시켜서 나 홀로 게걸스레 먹어 조진다.

나 부모 맞나 이거.

다시 엘리베이터를 타고 5층으로 올라갔다.

아들은 미음을 제대로 먹기나 했는지 벌써 치워버렸다.

같은 병실의 다른 애들은 비빔밥을 맛있게 먹는다.

"아빠 나는 밥 먹는 애들이 제일 부럽다. 여기서 나 홀로 밥 못 먹는다."

"여긴 비빔밥도 자주 나오는갑제? 뭐 벨로 맛도 없어보이구마너."

나는 짐짓 딴소리를 지껄인다.

맛나게 보이는 비빔밥을 고추장 듬뿍 섞어 입을 한껏 벌리고 떠넣는 애들이 부럽다.

옆에서 지켜보는 녀석의 심정은 어떨까.

가슴 아프다.

환자복 입고 있는 애들 전부 20살 남짓의 애리애리한 소년들이다.

빡빡 깎은 머리와 동그란 눈망울들은 맑고 천진난만하다.

뺨에는 여드름 자국이 듬성듬성하다.

저들의 맑은 눈에선 며칠 전의 그 처절한 몸부림을 읽을 수 없다.

원망이나 분노도 이미 사그라지고 없다.

손에 들고 읽고 있는 만화책 속에 빠져 있을 뿐이다.

그 모습이 최소한 내가 본 첫인상이다.

누가 저들을 사회갈등의 방패막이로 세울 권리가 있는가.

누가 저들을 향해 돌을 던지는가.

2층 치과에서 담당 의사와 전신마취 수술 동의서를 썼다.

2시간이나 넘게 수술한 녀석은 두 달 반을 병원에, 한 달을 집에서 요양 후 며칠 전 복귀했다.

병원에서 오래 미음과 죽만 먹어 몸무게가 10kg나 빠졌다.

육군에 가려는 녀석을 굳이 학기에 맞춘다고 내가 사지로 몰아넣은 꼴이 됐다.

국가라는 공동체를 너무 쉽게 믿어버린 어리석은 생각의 일단이 나의 죄라면 죄다.

그래 놓고도 녀석 죽 먹을 때 나는 꾸역꾸역 밥 한 공기씩 먹었다.

겨울 동안 5kg의 비곗덩어리가 내 아랫배에 올라붙었다.

녀석의 10kg 빠진 살의 절반이 아비에게 건너온 것이다.

나의 긴 겨울은 그렇게 지나간다.

진정 봄은 오는가?

(2005. 11. 20)

시내버스 유감

아침부터 뿌려대는 장마에 자전거는 휴가를 준다.
805번을 타고 동대구역에서 303번으로 갈아탄다.
303번 버스에는 사람들이 가득 찼다.
겨우 올라서서 손잡이를 잡고 섰다.

턱 아래 의자엔 통통한 아주머니가 앉았다.
이디서부디 앉았던지 이미 한빔중이다.
고개를 젖히고 입이 반쯤 벌어졌다.
코는 안 골고 있으니 천만다행이다.

상공회의소 앞에 버스가 섰다.
잠자던 아주머니가 어찌 알았는지 후다닥 일어나더니 눈 깜짝할

새 뛰어내린다.

내가 뭐를 잘못 봤나?

내 옆에 서 있던 또 다른 통통한 아주머니가 얼른 의자를 낚아챈다.

세상 참말로 무섭다.

난 앉을 생각일랑 추호도 없었는데 말이다.

그래도 그렇지 이 오빠가 서 있는데?

나이로 보니 인자 오학년 초반쯤 돼 보인다.

그 몸무게에 동작은 엄청나게 빠르다.

그러니 살이 빠질 리가 있나.

아까운 살 그대로 오래오래 유지하시지 뭐.

어휴~

(2014. 8. 25)

건망증

버스 승강장엔 나와 젊은 아주머니 한 사람뿐이다.
튼실하게 생긴 아주머니는 짧은 티를 수시로 끌어 내린다.
끌어 내려도 다시 삐져나오는 뱃살이 보기 민망하다.
티를 끌어 내리는 왼손에 잡힌 장바구니.
왼 겨드랑이에 끼인 두툼한 지갑.
오른손으로는 핸드폰을 삐딱하게 귀에 대고 있다.
조잘조잘 재잘재잘….

저 멀리 버스가 오는 걸 보고 전화를 끝낸 아주머니.
장바구니를 열어보더니 갑자기 얼굴이 새파래진다.
교통카드가 들어있을 지갑을 찾는 모양이다.
장바구니에 지갑이 없으니 놀라 환장하셨겠다.

카드 두어 개와 주민등록증, 현금도 십여만 원쯤 들었을 테니.
버스를 그냥 보내고 황급히 저쪽으로 뛰어가다가 멈춘다.
그제야 겨드랑이에 끼인 지갑을 본 모양이다.
다시 얼굴이 활짝 핀 아주머니.
아주 민망한 표정으로 나를 돌아본다.

나는 방금 일어난 일 하나도 못 본 척하고.
무관심 버전으로 딴청을 피웠다.

(2007. 8. 28)

아부지께 부치는 편지

아부지!

하늘나라에도 봄이 왔지예. 하늘나라에도 꽃이 폈지예. 아부지 하늘나라 가신 지 벌써 6년이군요. 하늘 세상이 그리 살기 좋은 곳이라예? 그동안 어찌 한 번도 소식이 없으셨어예. 꽃 좋아하시는 엄마는 요즘 신나시겠어예. 이 봄이 다 가기 전에 두 분이 손 꼭 잡고 마음껏 소풍 다니셔요.

아부지!

경주 집에 아부지 엄마 앉으시던 의자 아직 그 자리에 그대로 놔 뒀어예. 제가 갈 때마다 아부지 엄마는 여전히 거기 앉아 계시다가 따뜻하게 맞아 주십니다. 엄마가 마당에 심어 놓은 명자나무에 분홍색 꽃이 한가득 피었어예. 속 깊은 엄마 닮아 꽃도 은은하고 따뜻

하고 고결합니다.

아부지!

편지 자주 못 쓰는 불효자식을 용서해 주셔요. 아부지께서 매일 제 블로그에 오셔서 쉬다 가시는 줄 믿고 있거든요. 거기도 인터넷 잘 되지예? 아부지께서 늘 검색하신다고 생각하며 글을 씁니다. 아부지, 잘못 하는 거나 마음에 안 드는 게 있으면 아부지께서 야단쳐 주셔요.

아부지!

며칠 있으면 어버이날이라고 아부지 손주 손녀가 저 보고 선물 뭐 받고 싶으냐고 묻네예. 그 순간 무슨 생각이 먼저 들었는지 아세요, 아부지? 나는 어버이날이 와도 선물 사 드릴 부모님도 안 계시는구나. 어느덧 선물 받는 부모의 입장이 되었구나. 이런 생각이 들면서 마음이 미어졌어예.

아부지!

하지만 저는 늘 아부지와 함께랍니다. 오늘도 아부지와 같이 자전거 타고 출근했어예. 금호강엔 온통 갓꽃으로 뒤덮여 노랑 세상을 만들었어예. 길섶에는 하늘거리는 씀바귀가 지천이에요. 쇠채아재비가 자태를 뽐내고 섰는 거도 보셨지예, 아부지?

아부지!

하늘나라에도 봄이 왔지예. 하늘나라에도 꽃이 폈지예.
아부지 하늘나라 가신 지 벌써 6년이군요.
하늘 세상이 그리 살기 좋은 곳이라예?
그동안 어찌 한 번도 소식이 없으셨어예.
꽃 좋아하시는 엄마는 요즘 신나시겠어예.
이 봄이 다 가기 전에 두 분이 손 꼭 잡고 마음껏 소풍 다니셔요.

아부지!

아부지도 경주 집에서 경주역까지 10리 길을 40년간 자전거로 출근하셨잖아예. 뒤에 도시락을 묶고 변변한 자전거 복장도 헬멧도 없이, 시퍼런 작업복 차림으로 눈이 오나 비가 오나 타셨잖아예. 아부지 희생 덕분에 이 아들은 좋은 옷에 좋은 장비에 좋은 자전거를 탑니더.

아부지!

가끔 아부지한테서 전화 걸려오는 상상을 합니더. "별일 없나? 아아들은? 우리는 잘 있데이." 하늘나라는 너무 멀어서 요금이 많이 나와 전화 못 하시지예, 아부지? 이제 그런 걱정하시지 마시고 수신자부담으로 전화주셔요. 제가 다 낼게예.

아부지!

아부지 가르침대로 아부지 제일 많이 닮은 둘째 아들도 더 열심히 살겠십더. 이 편지 받아보시고 답장 안 주셔도 괜찮아예. 무소식이 희소식이니깐요. 너무 길게 쓰면 무거워서 하늘나라까지 전달되지 않을까 봐 이만 줄입니더. 마지막으로 한 번만 더 불러 봅니더. 눈을 꼭 감고요.

아부지!

(2019. 5. 3)

칼국수

큰 사발 한가득 담긴 칼국수,
아주머니가 허름한 식탁에 탁!
국물이 철철 넘친다.

아까운 국물 넘칠세라,
얼른 숟가락 들고 국물부터
몇 숟갈 떠 묵는다.

굵직한 홍두깨로 납작하게 밀고,
포개포개 책같이 접은 반죽 썰어,
방금 익혀 낸 면발 후루룩 쩝쩝.

먹어도 먹어도
아직도 남아 있는 내 칼국수
아무도 안 뺏어 먹는 내 것.

국물까지 다 마시고 나면
목구멍까지 다 차고.
칼국수 사발을 닮아
내 배도 고봉이 된다.

(2018. 3)

국수 한 그릇에 담은 행복

"뭐 잡술라꼬예?"
"국시 꼽배기."

국수가 가득 담긴 쭈그러진 양푼을 탁 놓으니
국물이 철철 넘쳐흘러서 휴지로 훔친다.

쭈그러진 양푼이 구석구석에 세월이 녹아 있다.
이 양푼이 얼마나 많은 서민의 배를 채워줬을까.

나이도 있고 몸 생각해서 밀가루 먹지 말라고 하는데,
밀가루 안 먹고 절제하여 건강해지는 거도 좋지만,
국수 먹는 희망이 사라지면, 절망의 병이 더 커질 것 같다.
내가 여태 국수를 묵는 변명이다.

허름한 아주머니 아저씨들의 안식처인 국수 가게.
자리 없으면 낯선 이와 마주 앉아 겸상하면 되고.
단돈 이천오백 원이면 양푼이 가득하다.

젓가락질 암만해도 줄지 않는 푸짐한 양.
먹어도 먹어도 아직도 남은 국수.
아무도 뺏어가지 않는 내 국수.

나는 이런 게 너무 좋다.
마음이 푸근하다.
행복하다.

(2018. 1)

지하철 연인

맞은편에 여러 명이 제각각으로 앉았다.

맨 왼쪽 출입구 쪽에 청춘남녀가 앉았다.

총각은 머리가 길고 얼굴이 까무잡잡하며 키가 커 보인다.

허름한 청바지 위에 미색 점퍼, 신발은 감색 운동화다.

흰 얼굴의 처녀는 커트 머리, 주름치마와 노랑 티를 입었다.

오른 어깨에 핸드백을 걸치고 검은 줄무늬운동화를 신었다.

총각 오른팔은 처녀의 왼팔 밑에서 위로 감아 손을 깍지 껴 쥐고 있다.

총각 왼팔은 축 늘어진 처녀의 오른손을 역시 깍지 껴 쥐고 있다.

처녀는 머리를 총각의 오른 어깨와 목 언저리에 기대어 졸고 있다.

어깨를 살포시 대주고 있는 총각은, 처녀의 자는 얼굴을 사랑스레 들여다보고 있다.

전차가 서고, 문이 열리고 닫히고.
사람들이 밀려 나가고, 밀려들어 온다.
처녀와 총각은 미동도 하지 않는다.
그들만의 섬에 갇혀 있다.

(2007. 4. 11)

지하철 외계인

맞은편 아줌마는 귓구멍에 이어폰을 꽂고,
손가락을 무릎 위에 올려 박자를 맞추고 있다.
까딱까딱.

저기 출입문에 기대어 선,
청바지와 검정 라운드 티에 흰 마스크를 낀 아가씨는,
눈동자만 요리조리 굴리며 스마트폰을 들여다본다.

그 옆, 미색 바지에 미색 재킷을 열어젖힌 총각은,
어깨 한쪽을 출입문에 삐딱하게 기대어 한쪽 다리를 꼬고,
역시 귓구멍엔 이어폰을 끼고 실없이 히죽거린다.

드디어 맞은편 아줌마는 눈까지 감았다.

역마다 안내 방송은 저 혼자 지껄인다.
문이 열리고 닫히고 사람들은 말없이 내리고 타고.

내 옆자리에 가방 멘 아줌마가 앉는다.

제법 큼지막한 가방이 내 허벅지 위에 반쯤 걸쳐진다.
바로 스마트폰을 꺼내더니 이어폰도 없이 유튜브를 튼다.
소리를 줄였지만, 찬송가가 내 귀에 솔솔 기어들어 온다.
답답했는지 스마트폰을 자기 귓구멍에 갖다 댄다.

대각선 맞은편에 한 무리의 학생들이 앉는다.
검은 복장에 빼곡한 검은 머리숱에 얼굴도 다들 시커멓다.
스마트폰으로 시끌벅적하게 게임을 한다.
십원짜리가 입에서 심심찮게 튀어나온다.

경로석에 앉은 할매 전화 소리.
"그래, 다 와간다. 어 어 알았다. 어 반월당에서 갈아탈 줄 안다

걱정 마라카이. 내 경대병원 잘 찾아간다꼬. 어 어 이따 보자."
옆에 앉은 할배의 초점 없는 눈이 멍뚱하다.

나는 책 읽는 외계인이다. (2019. 4. 26)

거미의 영업방식

똥구멍에서 끄집어낸 끈끈한 줄을 촘촘하게 엮으면,
자기 집이면서 동시에 먹고사는 점포가 된다.
꼼짝 않고 매달려 목하 영업 중인 거미란 놈.

언제부터 저리 매달렸는지 모르지만,
먹고사는 방법도 가지가지다.

목 좋은 데 간판 없는 점포 열어놓고 온종일 기다리다가,
운 좋은 날이면 어리벙벙한 잠자리나마 얻어걸리고,
운 나쁘면 하루살이 한 놈 안 걸려 배 쫄쫄 굶고.

거미들의 이런 기다리는 영업방식 괜찮을까.
시대에 뒤떨어지는 영업방식이 아닐까.
디지털시대에 뒤떨어지는 영업방식이 아닐까.
잠자리들이 스마트폰으로 거미줄 정보를 서로 실시간 교환한다면?

그래서 거미들도 수시로 점포를 옮긴다고?
그러면 시설비나 권리금은 다 어쩌고?
목 좋은 곳은 간혹 권리금 받는다고?

하여튼 요새 거미들 먹고살기 힘들겠다.
아무도 입주하지 않은 빈 거미집을 보면 안다.
군데군데 공실이 널렸다.

(2017. 9. 4)

거미줄 뽀개지 마라

오지 산행하다 보면 산길을 가로질러 쳐진 거미줄이 앞을 가로막는 일이 많다.

나는 엔간하면 거미줄을 스틱으로 걷어버리지 않고 거미줄 밑으로 상체를 굽혀 지나간다.

산에서 허리 굽히고 인사 연습하면 겸손도 배우고 자연과 빠르게 동화된다.

초보 산꾼일 때는 아무 생각 없이 스틱으로 팡팡 귀찮은 듯 거미줄을 걷어버리고 다녔는데, 제법 산꾼 티가 날 즈음이 되니깐, 스틱을 드는 찰나 거미줄에 매달린 거미가 눈에 들어왔다.

두 눈을 말똥말똥 뜨고 쳐다보는 거미를 보는 순간, 아차 이게 아니구나 싶은 생각이 들었다.

그제야 거미도 생존권이란 게 있다는 걸 터득했다.

그리고 산의 주인은 거미지, 결코 내가 아니란 생각이 불현듯 뇌리를 때렸다.

거미줄을 걷어버리는 것은, 들어온 돌이 박힌 돌을 내치는 격이다.

새벽부터 똥구멍이 아프도록 줄을 뽑아다가 집을 지어놓고, 밤

새 굶은 배를 움켜쥐고, 하루살이 한 마리라도 건져 보려고 눈이 빠지도록 기다릴 텐데.

손님인 내가 무슨 자격으로 거미의 생존이 걸린 가게를 스틱으로 파괴한단 말인가.

입장 바꿔 거미가 거꾸로 내 가게를 파괴한다고 하면 나는 어찌 되겠나.

아무 생각 없이 그저 걸리적거린다고 거미줄을 파괴한 행동이 미안하다.

이제는 산에 가면 절대로 영업 중인 거미집은 안 건드린다.

장난으로 던진 돌에 논에 있던 죄 없는 개구리는 맞아 죽는다.

거미도 없이 오래 방치된 폐업한 듯한 가게(거미집)는 파괴해도 된다.

오늘 아침 자전거 출근길에 잘 지은 거미집을 차지하고 기다리는 거미가 보인다.

이 녀석도 뱃가죽이 납작한 게 아마 아침도 쫄쫄 굶은 모양이다.

불쌍하다.

(2016. 8. 7)

우산 속에 갇힌 사람들

문밖에 우산들이 지나간다.
여고생도 우산 쓰고 지나간다.
아줌마도 우산 쓰고 지나간다.
할매도 우산 쓰고 지나간다.

사람들은 모두 우산 속에 갇혔다.

조금 있다가 나는 퇴근할 것이다.
핸드폰 비닐에 돌돌 말아 쑤셔 넣은
작은 허리 가방 하나 달랑 동여매고
싸구려 자전거 타고.

우산도 없이
당당하게 페달링 할 것이다.

되도록이면 비가 많이 퍼부었으면 좋겠다.
머리에서부터 발끝까지 함빡 젖도록.

물에 빠진 생쥐가 되어 집에 들어가면
젖은 옷 홀딱 벗어 베란다 구석에 던져놓고
샤워기에 머리부터 들이밀고 또 물세례를 받을 것이다.

(2014. 8. 14)

종일 빈둥거리기

이틀 쉬고 출근했다.
휴가철이라 조용하다.
전화도 거의 없다.

그래, 오늘 일과는 빈둥거리기다.
오전에도 빈둥거리고 오후에도 빈둥거리고
아침부터 저녁까지 종일 빈둥거리다 퇴근하자.

마음먹고 빈둥거리자.
신천시장까지 어슬렁어슬렁 빈둥거리며 걸어보자.
시장 한쪽 할매 집에서 우뭇가사리 콩국수나 한 그릇 마시자.

점심은 건너뛰자.
점심 먹는 시간도 아깝다.
일분일초도 아껴서 빈둥거리는 데 쓰자.

하이에나처럼 동네도 한 바퀴 빈둥거리자.
사무실에서는 뒷짐 지고 어슬렁거리자.
옆집에도 기웃거리자.

범어네거리 신호등 하릴없이 건너갔다가
다시 실실 건너와 보자.

빈둥거리다가 지겨우면 음악을 틀어보자.
일찌감치 퇴근해서 자전거 끌고 나가보자.

오늘 하루 매우 알차게 빈둥거려보자.
빈둥거리는 시간도 억수로 소중한 시간이다.

1년에 며칠 안 되는 이런 날.
빈둥거리는 데 몽땅 투자하자.

지금부터 전화도 받지 말자.
빈둥거리는 시간을 뺏기지 말자.

신문도 보지 말자. (2014. 8. 4)

점심에 대한 강박관념

12시 10분

우리 사무실 맞은편 식당
삼삼오오 들어가는 양복 입은 직장인들

저 사람들은 몇 시에 아침을 먹었을까.
특히 저기 H라인 아가씨는?

인간들은 무조건 점심을 먹어야 되나?

배고프나 안 고프나 12시가 되면 무조건?
H라인이든 S라인이든 무조건?

일 많이 한 사람이나 농땡이 친 사람이나 무조건?
돈 많이 번 사람이나 못 번 사람이나 무조건?

6천 원짜리로?

나는 7시 반경에 아침을 먹었는데
아직 배 하나도 안 고프다.

(2015. 3. 13)

아기 달팽이의 슬픈 여행

부슬부슬 내리는 가을비.
출근길 금호강 자전거 도로.
아무 생각 없이 자전거를 몰다가 깜짝 놀란다.

아기 달팽이들이 무단 횡단을 하고 있다.
빗물이 덮인 미끄러운 길을 헤엄치듯 건넌다.
하마터면 자전거 바퀴로 깔아뭉개버릴 뻔했다.

몇 살 먹었는지 귀엽게 생겼다.
인제 걸음마를 배우는지 한 걸음 한 걸음이 느리다.

놀라서 자전거를 세우고 내린다.
무단 횡단하는 녀석이 한둘이 아니다.
주위에 쫙 깔렸다.
이미 바퀴에 치인 녀석도 있다.

원래 강둑의 주인은 녀석들이다.
사람들은 손님일 뿐이다.
무단으로 자전거 도로를 만들어 뺏었다.

우리가 생태계를 파괴한 거다.

바퀴에 치인 녀석은 바로 사망이다.
119도 안 불러준다.
불쌍하다.
미안하다.

누가 달팽이 좀 지켜 주소! (2013. 10. 2)

개구리밥

개구리가 물속에서 낯바닥을 들이밀면
주둥이에 이 자잘한 식물이 붙어서
흡사 개구리가 먹은 듯 보인다.

개구리는 억울하다.
한 잎도 묵어본 적 없는데,
인간들 마음대로 갖다 붙인 이름이다.

물 밑에 있는 개구리들이
금방이라도 머리를 쳐들고
떼거지로 항의하러 올라올 것 같다

개굴개굴 개굴개굴~

(2018. 8)

들꽃도 다문화 세상

길섶에 많이 피는 요놈은 이름이 '마가렛'이다.
우리나라 이름이 아닌 것은 유학 온 녀석이라 그렇다.
금계국과 함께 길가에 대량으로 심어서 이젠 흔하다.

낮바닥이 흡사 구절초를 닮았으나
자세히 보면 구절초와는 어딘가 모양이 다르다.
노란 부분이 구절초보다 훨씬 넓다.
서양 녀석이라 키도 훤칠하다.

들꽃 세상도 이제 다문화 세상이다.
이제 우리나라 야생화로 받아들여야 한다.

어쩌겠나
함께 살아야지. (2015. 5. 5)

나도 수능 치고 싶다

한 1년간 죽을 똥 살 똥 공부하고
종일 빡빡하게 시험 치고

홀가분하게 교문을 나서서
정구지 찌짐에 막걸리 한 사발 먹고 싶다.

온 세상천지가 내 것 같은
일생에 단 한 번뿐인 짜릿한 기분을 한 번 더 맛보고 싶다.

학생들이 이 글 보면
미친놈이라고 할 거야.

그래,
미쳐도 좋다.

한 번만이라도 돌아가 보자.

(2014. 11. 13)

우리나라 가난한 나라

사무실에서 한 발자국만 나가 걸어보면
우리나라는 몹시 가난한 나라라는 생각이 든다.

왜냐하면,
아가씨 미시 할 거 없이 죄다 옷을 못 입고 다니기 때문이다.
이 한여름 36도 땡볕에 허여멀건 한 다리 허벅지까지 다 내놓고 다닌다.
겨우 상반신하고 엉덩이 윗부분만 가린다.
우리나라는 아프리카 원주민만큼 못 사는 나라인가 보다.

그런데, 남자들은 죄다 긴 바지들을 입고 다니는 거 보면?
아마도 남녀차별이 유독 심한 나라가 아닌가, 라는 생각이 든다.
왜 남자들에게만 바지를 입히노? 그런 말이지.

우리나라도 빨리 돈 많이 벌어서,
여자들에게도 옷을 입히자. (2013. 8. 7)

5부

봄마중

엄마!

요양원
울 어머니
핏기 없는 하얀 얼굴
살이 다 빠져버린 다리
납작해져버린 가슴.

나 젖먹이일 때 품에 안겨
한 모금이라도 더 빨아먹으려던 통통하던 가슴.

다 내어주고
여기 누워 계신다
낯선 타향에.

엄마!
열 번만 불러 볼게
엄마 엄마 엄마 엄마 엄마 엄마 엄마 엄마 엄마 엄마~

(2014. 9. 8)

엄마! 집에 가자

엄마!
인자 고마 집에 가자.

빈 마당에 엄마 심은 채송화 곱게 피었다.
엄마 집에 가자.

엄마 앉을 의자 그대로 있다.
엄마 집에 가자.

내년 봄이면 남산에 고사리 뜯으러 가자.
진달래 곱게 뜯어 떡도 해 묵자 우리.

뒷밭에 상추도 심어야 하잖아.
고추도 심고 호박도 심자.

엄마!
퍼뜩 일어나라 인자.

엄마!!
내 차 타고 집에 가자.

(2014. 9. 8. 추석에)

엄마! 지금 그대로만 있자

엄마!
엄마 거기 두고 나만 올라왔다.

엄마!
눈꺼풀이 한없이 무겁더나.

엄마!
눈 뜨기가 그리 힘들었나.

엄마!
그래서 눈 감고만 있었나.

엄마!
24시간 누워 눈 감고 있어도.

엄마!
지금 그대로만 있자.

그대로만 있자.
그대로만.

(2014. 9. 9)

기다리다 보면

기다리다 보면
꽃 필 날 올끼다 그자?

쪼매마 더 참으마
봄이 올끼다 그자?

언제 추웠던 적이 있었던가.
하며 돌아볼 날 올끼다 그자?

기다림 끝에 찾아올 봄은
제법 따실끼다 그자?

기다리다 보면.

(2010. 1. 16)

봄비

봄비 내립니다
조심조심 내립니다
세게 떨어지면 봄이 안 올까 봐

봄비 내립니다
가만가만 내립니다
세게 떨어지면 새싹이 뭉개질까 봐

봄비 내립니다
촉촉하게 내립니다
세게 쏟아지면 스며들지 않을까 봐

봄비 내립니다
소리 없이 내립니다
시끄러우면 오는 봄이 도망갈까 봐

봄을 기다리는 것은
인내심이 필요한 모양입니다

그래도

한 차례 세게 내려치면 좋겠습니다

아직도 미적거리고 있는 겨울을 쫓아버리고 싶거든요

(2012. 3. 5)

삶의 그림을 그려보자

그리 많이 그릴 거도 없다
오늘 하루치라도 그려보자
그냥 생각나는 대로 아물따나

티 하나 없는 연잎에다가
티 없는 그림 그리는
빗방울처럼

내일 그림은
내일 그리면 되잖아

동그르르~

(2012. 7. 11)

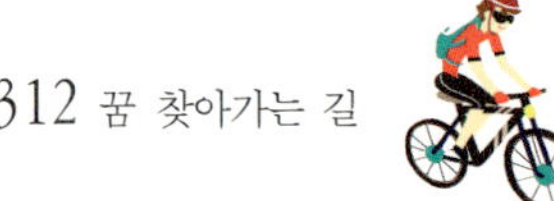

비움의 즐거움을 아는 다랑논

자전거 출근길 휴식을 주는 다랑논이
가장 먼저 가을을 떠나보내는 중입니다

볍씨 하나하나를 어린 모로 보듬어 길러내고
물을 가두어 키를 키우고 살을 찌게 만들어
벼가 영글어 포기마다 고개 숙이게 하였습니다

임무를 다한 다랑논은 농부에게 모든 것을 내줍니다
베어나간 포기 포기마다 아쉬움이 깃들었지만
뿌듯한 농부의 얼굴에 보람으로 묻어납니다

가을은 비우는 계절입니다
다랑논이 비움의 선두에 섰습니다

(2012. 10. 5)

눈사람

사람은 사람인데
눈으로 만든 사람이다

눈으로 만들어서
사람보다 순수하다

눈으로 만들어서
사람보다 정직하다

유일한 친구는
동장군이다

동장군이 주는
추위를 먹고 산다

밥 안 줘도
동장군만 있으면 된다

독립심이 강하여
따뜻한 보살핌을 싫어한다

꽁꽁 언 바깥이
잠자리다

침낭이
필요 없다

눈사람이 속삭인다

"나 그냥 내삐 도~" (2013. 1. 9)

도둑 민들레

사무실 뒷담 위에서
노오란 낯바닥을 들이밀었습니다.

도둑놈 민들레입니다.
담장을 넘다가 나의 스마트폰에 찍혔습니다.

경찰에 신고하기 전에
조금 더 두고 관찰하기로 했습니다.

"원래부터 여기에 있었다"라고 우기는
낯바닥이 매우 두꺼운 도둑입니다.

(2013. 4. 9)

나비가 된 콩꽃

나비 한 마리 콩잎 위에 앉았습니다.
금방 날아갈 듯 바람결에 날갯짓합니다
가만히 다가가 살포시 잡아 봅니다.

그래도 날아갈 생각하지 않습니다.
그냥 앉아있는 게 더 좋은가 봅니다.

종일 날아다니다가 피곤했나 봅니다.
단잠에서 아직도 못 깨어난 듯합니다.

나비 한 마리
콩잎 위에 앉았습니다.

(2013. 8. 23)

잘 가꾸어진 국화

잘 가꾸어진 국화
온통 노오란 얼굴
화사한 웃음 머금다

한 잎 한 잎 모여
한 송이 한 송이 되어
한동네 만들었다

진하디진한 향기
코끝에 와닿아
발길 저절로 간다

벌들이 늦잠 잘 적에
나 먼저 살짝이
향기 담아 간다

(2013. 11. 2)

백합! 너는 겸손하다

낮바닥이 하도 커서
모가지를 바로 세우지 못합니다.
그래서 아침저녁으로 나한테 인사하지요.

돋보이는 낮바닥을 가졌으면서도
스스로 고개 숙인 꽃

너는 겸손하다

(2014. 6. 9)

세상 구경 나선 어떤 열매

동네 어귀
감꽃을 밀어낸 아기감이
앙증맞은 낯바닥을 들이밀었습니다.

세상 구경에 나섰습니다.
아주머니 아저씨
언니 오빠
할매 할배

꼼짝 않고 그 자리에서
오는 사람 가는 사람
훑어보고 있습니다.

온종일

(2014. 6. 11)

가랑비

비 오니
떠날 걱정하다가

그치니
금방 또 그 자리에 머문다.

내 심지가
가랑비만 못하다.

(2014. 6. 23)

비 갠 아침

뜬금없이 구름 걷히고
잠시 낯바닥을 내민 해님

물방울 아롱아롱
햇살이 부끄럽다

(2014. 7. 18)

잠자리는 무슨 생각을

가만가만 다가가
살포시 만져보고 싶다.

그러다 문득
무슨 중요한 생각을 하고 있을 거라는 느낌.
아주 슬픈 생각을 하고 있을 것 같은 느낌.

아니면, 사랑하던 짝을 잃어버리고
텅 빈 가슴을 부여안고 몸부림치고 있을지도 모를.

(2007. 7. 18)

여름비

추적이는 빗소리에
문밖을 내다본다

아스팔트에 동그라미
수없이 그려진다

무심코 밟고 가는
자동차 바퀴 미워진다

(2014. 8. 14)

비

오는 비
오는 대로

가는 비
가는 대로

그대로
두면 된다

때 되면
그칠 테니

(2014. 8. 14)

벼는 영글어가는데

다랑논에 벼가 영글어갑니다.
마음은 쓸쓸해지려고 합니다.

영글어간다.
쓸쓸해진다.
정반대의 뜻입니다.

영글어가면
가슴이 꽉 차고
마음이 풍성해져야 합니다.

알알이 영글어가는데
사나이 가슴은 비워져만 갑니다.

이상한 일입니다.

텅~

(2014. 9. 16)

가을을 걸어보자

가을이 달아나기 전에
실실 나가서
그냥 걸어보자.

아무 길이라도 좋다.
발길 닿는 곳
어디든지 가 보자.

왜?
가을이니깐.

두 다리만 있으면 된다.
돈 한 푼 없어도 된다.

걸으며 생각에 잡기지 말자.
마음을 내려놓자.

그냥
걷는 거다.

아무 생각 없이
바보처럼.

(2014. 11. 12)

행복이란

벼랑 끝에 서 본 사람은

여태껏 불만투성이였던
보잘것없다고 생각해왔던
지극히 평범한 일상이 얼마나 행복이었는지를 깨닫는다.

밥값이 없어 점심을 굶어 본 사람은
아침, 점심, 저녁, 세끼 밥을 묵을 수 있다는 게 행복이다.

눈만 뜨면 빚쟁이에 시달려 본 사람은
빚쟁이에 시달리지 않는다는 게 행복이다.

건강을 잃었다가 다시 회복한 사람은
두 발로 걸어 다니는 자체가 행복이다.

행복은 바로 내 안에 있다.
지금 내 마음속에서 끄집어내면 된다. (2015. 1. 31)

수박 속내는 알 수 없다

똑똑.
태진아 목소리다.

똑똑.
이은하 목소리다.

똑똑.
남궁옥분 목소리다.

남궁옥분 하나 사 들고 왔다.

쪼개 놓고 보니
소가지가 퍽서그리하다.

남궁옥분도 나를 속였다.

수박은 엉큼하다.

(2016. 6. 21)

알밤 선생 세상 구경

알밤 선생께서
가시 껍질을 뚫고
낯바닥을 들이밉니다.

"우~~와~
세상은 완전 넓다."

인고의 세월을 견뎠습니다.
그래서 그냥 내버려뒀습니다.
실컷 콧구멍에 바람 쐬라고요. (2015. 9. 14)

낙엽, 자유를 찾다

쓸모없게 되어
버림받은 잎사귀지만

보란 듯이
화려함을 뽐낸다.

시위하듯
똘똘 뭉쳤다.

마지막이 아니야
이제부터 시작인 거야

비로소 찾았다.
또 다른 세상을

자유~

(2015. 11. 16)

밟지 마라 민들레

아무도
거들떠보지 않지만

존재 그 자체로서
의미가 있다

밟거나 차지 마라
아무도~

느거들보다
못난 놈 아니거든

독한 시멘트 바닥을
뚫고 나왔다 이거야.

(2016. 3. 22)

은행잎은 따뜻하다

은행잎은
낙엽에서 연상되는
쓸쓸하고 허전함보다는

푹신하고 풍성하고
따뜻하고 온화함으로 다가옵니다.

누워 뒹굴어버리고 싶은
푹신한 침대를 만들었습니다.

어느 한 잎도 품위를 잃지 않고
끼리끼리 뭉쳐 멋진 양탄자를 만들었습니다. (2016. 11. 15)

빗방울과 연잎

빗방울이

연못에 빠지기 싫어
연잎에 앉아

동글동글 미끄러지듯
동글동글 연잎을 타고

동글동글
그림 그린다.

(2017. 6. 26)

나팔꽃

나팔꽃이 낯바닥을 쳐들고 하늘 향해 대든다.
나팔꽃은 소가지를 아낌없이 내보인다.
나팔꽃은 숨길 게 없어 당당하다.

칡넝쿨을 뚫고 나온 나팔꽃은 염치도 좋다.
칡넝쿨을 자기 몸뚱이인 양 폼 잡는다.
나팔꽃은 숨어서는 답답해서 못 산다.

나팔꽃은 꾸밈없이 단순하다.
빨간 놈은 빨간 루주 파란 놈은 파란 루주
루주 하나면 화장 오케이 외출 준비 끝이다.

나팔꽃 잎사귀는 하트 모양
세상을 향해 사랑을 외친다.

(2017. 9. 1)

봄마중

봄눈 녹아녹아
계곡으로 모여모여

졸졸졸
봄노래 부르며

꽃보다 먼저
봄마중한다

(2018. 3. 10)

민들레

온 세상에 천지로 피는 꽃.
민들레를 아는 사람은 인생을 안다.

승강장에서 버스 기다리는 사람에게 밟히는 꽃.
인도 위에서 오가는 사람에게 밟히는 꽃.
교문 앞에서 아이들에게 밟히는 꽃.
폐지 줍는 할머니 리어카에 치이는 꽃.

그 꽃이 보이는가.

(2018. 8. 27)

비바람에 벚꽃 떨어지면

벚꽃!

비바람 못 견디면
떨어져도 괜찮다
용쓰지 말거라

땅바닥에
붙어 엉기더라도
고운 얼굴 간직하다가

햇빛 짱짱한 날
자유 찾아가거라
훨훨~

(2018. 4. 4)

어떤 동창회

논둑 동창회가 열렸습니다
꽃 군번 2월 동기동창들입니다.

직책은 전령.
봄의 전령이지 말입니다.

"느거들 완전 반갑데이" …개불알풀

"겨울 잘들 견뎌냈지러" …광대나물

"으아 봄은 좋은 것이여" …꽃다지

(2019. 2. 20)

어떤 수채화

빗방울 하나로

큰 동그라미
작은 동그라미
더 작은 동그라미

붓도 없이
멋들어진 그림을…

(2019. 6. 27)

불쌍한 왜가리

배고플 때마다 고기 잡아먹고 사는 왜가리는
냉장고도 없고 은행저축도 없다.

집도 없다.
직업도 없다.

하루만 살고 가는 하루살이도 아니다.
10년 이상을 살아야 한다.

비정규직에다가
노후에 받을 연금도 없다.

외롭다.

(2019. 9. 24)

수염가래꽃

수염같이 생겼다고 지은 이름이다
하여튼 특이한 녀석이다.
낯바닥이 반쪽이다.

조물주는 참말로 신통하다.
어찌 이리 반쪽으로 꽃을 쪼개 놨노.

반 쪼가리 꽃이라고 무시하지 마라.
기 하나도 안 죽고 당당하게 논둑을 지킨다구.

반쪽이지만 이쁘다.
반쪽이라도 매력적이다.

초록 잎사귀들 속에서 하얀 반달 같은 꽃.
꽃잎이 정확히 다섯 개다.
손가락처럼.

(2013. 8. 11)

나뭇잎

가지 끝에 붙어 낄낄거리며
바쁜 아침 발걸음 놀려대더니

축 처진 퇴근길 어깨 위에서
저 잘났다고 껄떡거리더니

어느새 땅바닥에서 뿔뿔거리는구나
있을 때 잘해 인마

겨울이 온다는 걸 몰랐지?

(2008. 10. 21)

지하철 찬가

지하철은 아침저녁으로
내 다리 대신 나를 운반해준다

나는 가만히 앉아 있으면 된다
때로는 지겹도록 여유롭다

지하철 밖에선 어림도 없는 미팅도 주선해준다
맞은편 파트너를 수시로 교체해준다
아주머니 아가씨 학생 등 다양한 연령으로

나는 다만 나 홀로 미팅을 내 맘대로 즐기면 된다

(2008. 7. 29)

비의 시샘

천둥이 친다.
빗줄기가 창을 때린다.
도로에 빗물이 흥건하다.

벚꽃이 성할까
이 밤을 견딜까

며칠 살이
무에 그리 길다고
그새 시샘을 하는구나

어제는 바람이
오늘은 비가.

(2007. 3. 29)

벚꽃

아뿔싸
벚꽃 한 잎 떨어진다.

벚꽃 너는 작은 흠집 하나 용납되지 않는가
떨어져 뒹굴어도 얼굴이 뽀얗구나

바람에 밀려 땅바닥에 흩어 다닐 때도
유리창에 날려 붙어 엉길 때도
눈이 되어 사람들 머리 위로 떨어질 때도

그래,
고운 얼굴 그대로 간직하거라

바람아 불어라
날려 보내라
자유롭게

(2007. 3. 28)